キャリア教育支援ガイド

お仕事ナビ 21

テレビに関わる仕事

アナウンサー

プロデューサー

カメラマン

映像編集者

理論社

Contents

目次《もくじ》

File:01 アナウンサー

八《や》木《ぎ》菜《な》緒《お》さん

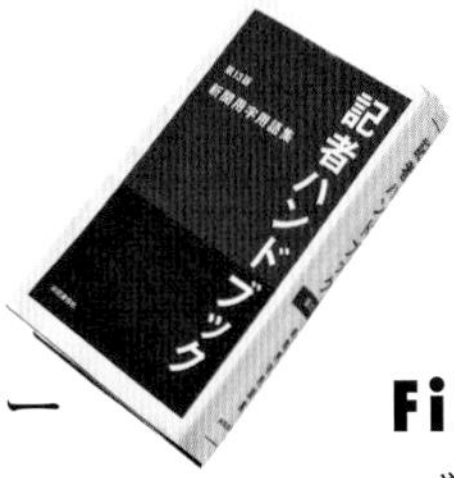

File:02 プロデューサー

小《こ》林《ばやし》都仁《くにひと》さん

File:03 カメラマン

井《い》出《で》有《ゆ》理《り》江《え》さん

File:04 映像編集者《えいぞうへんしゅうしゃ》

稲《いな》葉《ば》和《かず》也《や》さん

File:01

テレビに関わる仕事

アナウンサーってどんな仕事《しごと》？

日本《にっぽん》BS放送《ほうそう》（BS11イレブン）

八木菜緒《やぎなお》さん

声《こえ》で視聴者《しちょうしゃ》に語《かた》りかける

アナウンサーはテレビ・ラジオ番組《ばんぐみ》に出演《しゅつえん》し、おもに原《げん》稿《こう》を読《よ》んで視聴者《しちょうしゃ》に声《こえ》で情報《じょうほう》を伝《つた》える仕事《しごと》です。テレビではニュースやスポーツ中継《ちゅうけい》、情報番組《じょうほうばんぐみ》といったいろいろな種類《しゅるい》の番組《ばんぐみ》に出演《しゅつえん》していて、見《み》ない日《ひ》はないと言《い》っていいくらい多《おお》くの現場《げんば》で、番組《ばんぐみ》の顔《かお》として活躍《かつやく》しています。

アナウンサーの仕事《しごと》は用意《ようい》された原稿《げんこう》をただ読《よ》むだけではありません。視聴者《しちょうしゃ》に番組《ばんぐみ》の内容《ないよう》がよく伝《つた》わるよう、番《ばん》組《ぐみ》やニュースをよく理解《りかい》し、喋《しゃべ》り方《かた》も工夫《くふう》するなど、あらかじめ準備《じゅんび》を重《かさ》ねて収録《しゅうろく》に臨《のぞ》んでいます。仕事《しごと》の内容《ないよう》は番《ばん》組《ぐみ》によって変《か》わり、司会進行《しかいしんこう》やインタビュアーなどその場《ば》に応《おう》じた役割《やくわり》を果《は》たします。

広《ひろ》いジャンルで関《かか》わる

八木《やぎ》さんは２００７年《ねん》に開《かい》局《きょく》した無料《むりょう》のＢＳデジタル放《ほう》送局《そうきょく》・ＢＳ11に所属《しょぞく》するアナウンサーです。担当《たんとう》する仕事《しごと》は報道番組《ほうどうばんぐみ》のニュースキャスターやアニメ情報番組《じょうほうばんぐみ》のリポーターなどさまざまで、ラジオ局《きょく》との共同制作番組《きょうどうせいさくばんぐみ》ではパーソナリティも務《つと》めています。こうした幅広《はばひろ》い活動《かつどう》ができるのもアナウンサーの特徴《とくちょう》で、八木《やぎ》さんも自《みずか》ら希望《きぼう》して積極《せっきょく》的《てき》に取《と》り組《く》んでいます。

八木《やぎ》さんの一日《いちにち》

09:30　出社《しゅっしゃ》・メールチェック

10:00　台本《だいほん》チェック

10:50　発声練習《はっせいれんしゅう》

11:00　番組宣伝《ばんぐみせんでん》など
ナレーション録音《ろくおん》

11:45　衣装《いしょう》打《う》ち合《あ》わせ

12:15　昼食《ちゅうしょく》

13:00　打《う》ち合《あ》わせ

13:40　VTRプレビュー

14:00　ヘアメイク

15:00　ゲスト打《う》ち合《あ》わせ

15:40　リハーサル

16:00　番組収録《ばんぐみしゅうろく》

17:00　収録終了《しゅうろくしゅうりょう》

17:30　ゲスト見送《みおく》り、着替《きが》え

18:00　デスクワーク

19:00　退勤《たいきん》

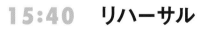

アナウンサーの仕事《しごと》

09:30 出社《しゅっしゃ》・メールチェック

アナウンサーにとって声《こえ》は仕事道具《しごとどうぐ》のため、のどをケアするのも仕事《しごと》のひとつ。普段《ふだん》からマスクをつけるようにしていて、特《とく》に空気《くうき》が乾燥《かんそう》する冬場《ふゆば》は手放《てばな》せません。この日《ひ》もマスクをつけての出社《しゅっしゃ》です。

出社《しゅっしゃ》するとまず自分《じぶん》の席《せき》についてメールをチェック。社《しゃ》内《ない》の連絡事項《れんらくじこう》や出演番組《しゅつえんばんぐみ》の台《だい》本《ほん》が届《とど》いているので、すべてに目《め》を通《とお》して必要《ひつよう》なものに返《へん》事《じ》を出《だ》します。

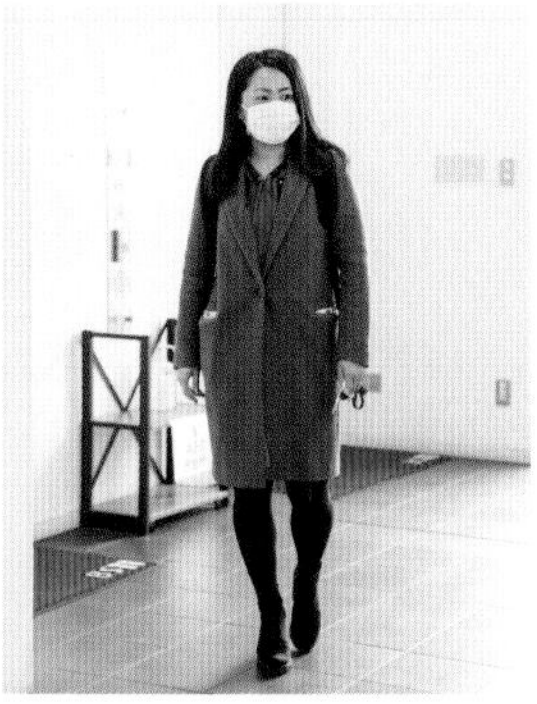

10:00 台本《だいほん》チェック

この日《ひ》は八木《やぎ》さんがサブキャスターを務《つと》めている報道《ほうどう》番組《ばんぐみ》の収録《しゅうろく》・放送日《ほうそうび》です。台《だい》本《ほん》は収録本番《しゅうろくほんばん》までに何度《なんど》も更《こう》新《しん》されるので、そのたびにしっかりチェックします。

チェックではナレーションが決《き》められた時間通《じかんどお》りに収《おさ》まるかを確認《かくにん》するため、ストップウォッチで時間《じかん》を計《はか》りながら台本《だいほん》を音読《おんどく》。番組内容《ばんぐみないよう》が視《し》聴者《ちょうしゃ》に伝《つた》わりやすいよう、言《こと》葉《ば》のつなぎ目《め》や間《ま》のとり方《かた》にも気《き》を配《くば》り、注意点《ちゅういてん》には書《か》き込《こ》みを入《い》れます。わからない言葉《ことば》があればアクセント辞典《じてん》で正《ただ》しい発音《はつおん》を調《しら》べながら、じっくり台本《だいほん》を読《よ》み込《こ》んでいきます。

10:50 発声練習《はっせいれんしゅう》

視聴者《しちょうしゃ》に聞《き》き取《と》りやすい声《こえ》で話《はな》せるよう、人前《ひとまえ》で話《はな》す仕《し》事《ごと》のある日《ひ》は準備《じゅんび》を欠《か》かしません。大《おお》きな声《こえ》を出《だ》せる録音《ろくおん》ブースに入《はい》って、声出《こえだ》しや早《はや》口言葉《くちことば》などの発声練習《はっせいれんしゅう》を入念《にゅうねん》に行《おこな》い、のどのコンディションをしっかり整《ととの》えてから仕事《しごと》に向《む》かいます。

11:00 番組宣伝《ばんぐみせんでん》などナレーション録音《ろくおん》

喋《しゃべ》りのプロであるアナウンサーはナレーションなどの声《こえ》を吹《ふ》き込《こ》む仕事《しごと》もあります。ナレーションの内容《ないよう》は番組《ばんぐみ》予《よ》告《こく》やスポンサーの提供《ていきょう》など。収録日《しゅうろくび》はスタジオで録音《ろくおん》を行《おこな》います。

収録《しゅうろく》では手元《てもと》の原稿《げんこう》とモニターに流《なが》れる映像《えいぞう》を見《み》ながら、

時間《じかん》にぴったり収《おさ》まるようナレーションを読《よ》み上《あ》げます。隣《となり》の調整室《ちょうせいしつ》ではディレクターと音声《おんせい》スタッフが様子《ようす》を見《み》守《まも》っていて、録音《ろくおん》が終《お》わるとタイミングがずれたりしていないかその場《ば》でチェックし、必要《ひつよう》があれば修正《しゅうせい》します。

11:45 衣装《いしょう》打《う》ち合《あ》わせ

八木《やぎ》さんのために用意《ようい》された控室《ひかえしつ》でスタイリストと打《う》ち合《あ》わせを行《おこな》います。スタイリストが番組《ばんぐみ》にふさわしい衣装《いしょう》を選《えら》んできてくれるので、実際《じっさい》に合《あ》わせてどんな感《かん》じになるかを一緒《いっしょ》に確《たし》かめ、リボンの結《むす》び方《かた》など身《み》につける際《さい》の注意点《ちゅういてん》も教《おし》えてもらいます。

衣装打《いしょうう》ち合《あ》わせが終《お》わると報道《ほうどう》センターで最新《さいしん》の台本《だいほん》を受《う》け取《と》り、昼食《ちゅうしょく》をとりながら改《あらた》めて内容《ないよう》をチェック。食後《しょくご》は本番用《ほんばんよう》の衣装《いしょう》に着替《きが》えて打《う》ち合《あ》わせに向《む》かいます。

13:00 打《う》ち合《あ》わせ

プロデューサー、ディレクターなど、番組内容《ばんぐみないよう》に関《かか》わるスタッフとの打《う》ち合《あ》わせに参《さん》加《か》します。細《こま》かい部分《ぶぶん》の修正《しゅうせい》などは前日《ぜんじつ》の打《う》ち合《あ》わせで終《お》えているため、ここでは再《さい》チェックの意味合《いみあ》いが強《つよ》いそうです。全員《ぜんいん》で台本《だいほん》と資料《しりょう》を見《み》ながら番組《ばんぐみ》の流《なが》れを確認《かくにん》し、放送直前《ほうそうちょくぜん》に内容《ないよう》が変《か》わりそうなニュースがあれば対応方法《たいおうほうほう》を決《き》めておきます。

13:40 VTRプレビュー

番組中《ばんぐみちゅう》に使《つか》われるVTRは映像編集者《えいぞうへんしゅうしゃ》が事前《じぜん》に作《つく》り上《あ》げたものです。ナレーションが時間内《じかんない》に収《おさ》まるかをチェックし、映像《えいぞう》のタイミングなどを確《たし》かめるため、VTRの再生《さいせい》に合《あ》わせてニュースを音読《おんどく》します。プレビューにはスタジオ内《ない》の進行《しんこう》を取《と》りしきるフロアディレクターと映像編集者《えいぞうへんしゅうしゃ》が立《た》ち会《あ》っていて、本番《ほんばん》でも連携《れんけい》しています。

14:00 ヘアメイク

本番《ほんばん》が近《ちか》づいてくると控室《ひかえしつ》でヘアスタイルをきっちり整《ととの》えます。このヘアメイク中《ちゅう》も大事《だいじ》な準備時間《じゅんびじかん》。髪《かみ》を整《ととの》えてもらいながら台本《だいほん》に目《め》を通《とお》し、チェックを続《つづ》けています。

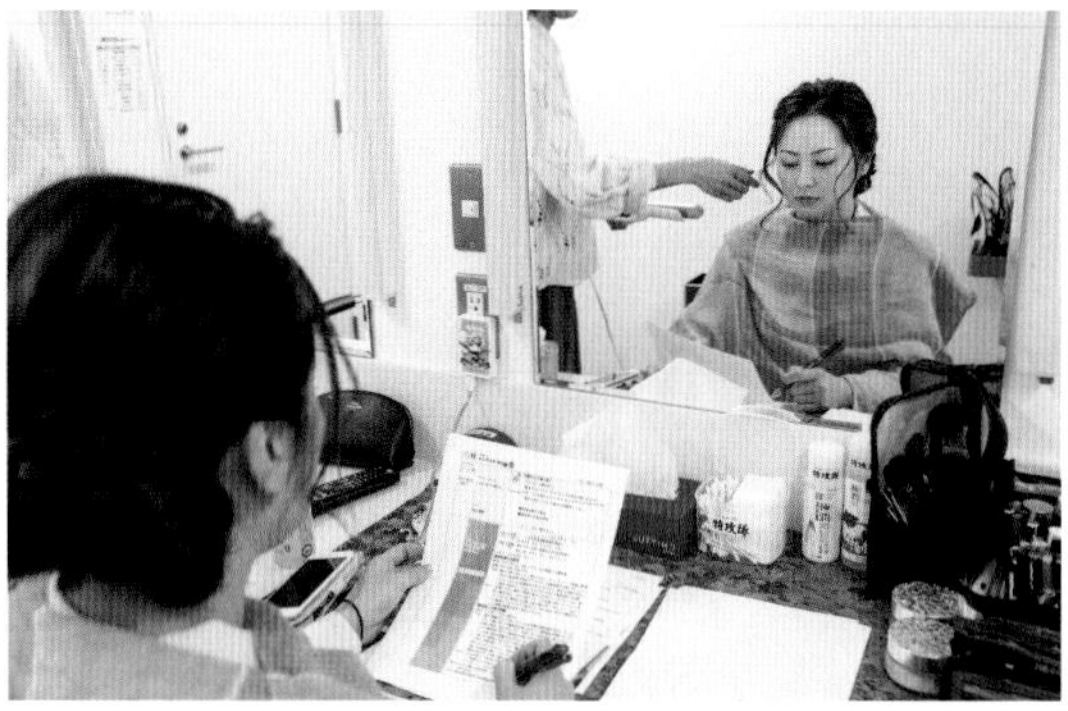

15:00 ゲスト打《う》ち合《あ》わせ

番組《ばんぐみ》ゲストがテレビ局《きょく》に到着《とうちゃく》すると、メインキャスターの二木《ふたつき》さん、担当《たんとう》ディレクター、プロデューサーなどの制作《せいさく》スタッフと一緒《いっしょ》に打《う》ち合《あ》わせを行《おこな》います。

ここでは台本《だいほん》を見《み》ながら、ゲストが本番《ほんばん》でどんな話《はなし》をしてくれるかを改《あらた》めて確認《かくにん》。話《はなし》の流《なが》れをしっかり予習《よしゅう》するだけでなく、本番《ほんばん》でお互《たが》いが話《はな》しやすい雰囲気《ふんいき》を作《つく》ることも心《こころ》がけています。

15:40 リハーサル

収録《しゅうろく》20分前《ぷんまえ》にはピンマイクをつけてスタジオに入《はい》り、リハーサルに参加《さんか》します。ここにゲストは参加《さんか》しないので、本番《ほんばん》と同《おな》じように流《なが》れる音楽《おんがく》やVTRに合《あ》わせ、ニュースや新聞記事《しんぶんきじ》の紹介《しょうかい》といったパートを中心《ちゅうしん》に練習《れんしゅう》。八木《やぎ》さんも本番《ほんばん》と同《おな》じようにニュースを読《よ》み、VTRの流《なが》れるタイミングもチェックしています。

このリハーサルは本番直前《ほんばんちょくぜん》に行《おこな》われる本当《ほんとう》の最終確認《さいしゅうかくにん》の場《ば》です。原稿《げんこう》の読《よ》み方《かた》などの気《き》になる点《てん》をまわりから指摘《してき》されると、すぐに調《しら》べて修正《しゅうせい》を入《い》れることもあります。

16:00 番組収録《ばんぐみしゅうろく》

ゲストもスタジオに入《はい》って本番《ほんばん》の始《はじ》まりです。番組《ばんぐみ》が放送《ほうそう》されるのはこの日《ひ》の夜《よる》ですが、放送時間《ほうそうじかん》と同《おな》じ長《なが》さの時間《じかん》で撮影《さつえい》する形式《けいしき》での収録《しゅうろく》です。

本番《ほんばん》が始《はじ》まると八木《やぎ》さんも自然《しぜん》とスイッチが入《はい》り、表情《ひょうじょう》も情報番組《じょうほうばんぐみ》らしく引《ひ》き締《し》まった表情《ひょうじょう》に変化《へんか》します。視聴者《しちょうしゃ》に内容《ないよう》が伝《つた》わるように意識《いしき》しながら、流《なが》れに沿《そ》ってニュースを読《よ》み、司会《しかい》として番組《ばんぐみ》を進行《しんこう》していきます。

18:00 デスクワーク

ニュース内容《ないよう》に変更《へんこう》があればその部分《ぶぶん》だけを追加《ついか》で撮《と》ることもありますが、この日《ひ》の収録《しゅうろく》は無事《ぶじ》に終了《しゅうりょう》しました。

収録後《しゅうろくご》はゲストの帰《かえ》りを見《み》送《おく》り、衣装《いしょう》から元《もと》の服《ふく》に着替《きが》えます。その後《ご》は自分《じぶん》の席《せき》に戻《もど》ってメールチェックなどデスクワークの時間《じかん》です。新《あたら》しく届《とど》いた別番組《べつばんぐみ》の台本《だいほん》を確認《かくにん》し、次《つぎ》の仕事《しごと》の準備《じゅんび》を終《お》えてから帰宅《きたく》します。

時《とき》にはこんな仕事《しごと》も

アニメイベントでの司会《しかい》

お客《きゃく》さんとの共同作業《きょうどうさぎょう》で会場《かいじょう》を盛《も》り上《あ》げる

八木《やぎ》さんは2020年現在《ねんげんざい》、ニュース番組《ばんぐみ》以外《いがい》にアニメ情《じょう》報番組《ほうばんぐみ》のアシスタントも担当《たんとう》しています。この番組《ばんぐみ》では年《ねん》に数回《すうかい》、アニメイベントにブースを出展《しゅってん》して出演者《しゅつえんしゃ》が観客《かんきゃく》に情報《じょうほう》を紹介《しょうかい》していて、八木《やぎ》さんはそのステージで司会《しかい》を務《つと》めています。

同《おな》じ司会進行《しかいしんこう》といっても、テレビとイベントではだいぶ勝手《かって》が違《ちが》います。特《とく》に大《おお》きな違《ちが》いは、テレビカメラではなく会場《かいじょう》にいるお客《きゃく》さんに向《む》けて直接話《ちょくせつはな》す点《てん》。イベントでは

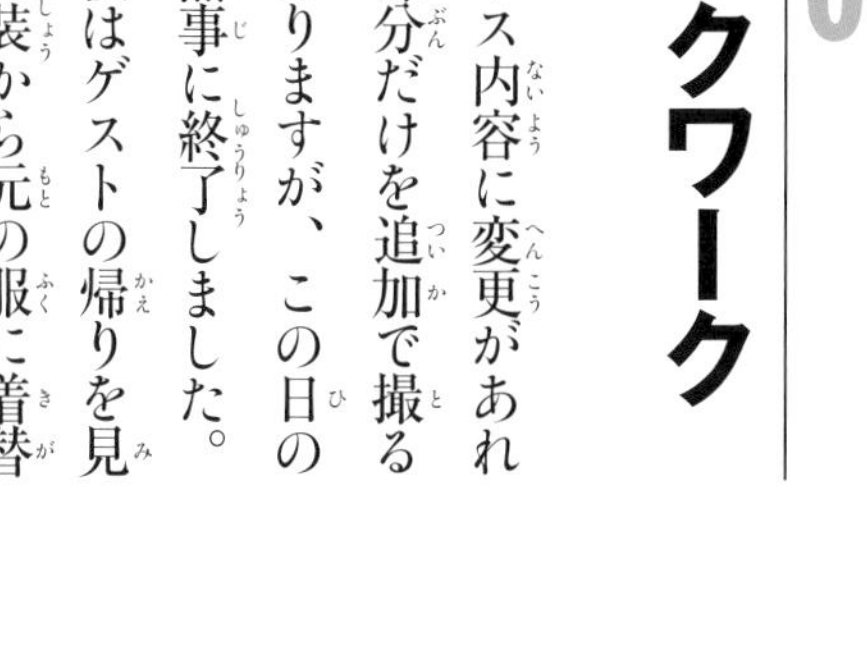

細《こま》かい台本《だいほん》が設定《せってい》されておらず、出演者《しゅつえんしゃ》のフリートークで進行《しんこう》する場面《ばめん》も多《おお》いため、その場《ば》その場《ば》での対応《たいおう》が必要《ひつよう》になります。来場者《らいじょうしゃ》の客層《きゃくそう》や反《はん》応《のう》を見《み》て、どんなことを話《はな》せば盛《も》り上《あ》がるかを考《かんが》えて言葉《ことば》を選《えら》んでいます。

八木《やぎ》さんは普段《ふだん》との違《ちが》いに戸惑《とまど》ったこともありますが、実《じつ》はこうした仕事《しごと》も楽《たの》しみにしています。話《はなし》のさじ加減《かげん》ひとつでお客《きゃく》さんの反応《はんのう》が変《か》わるため、空間《くうかん》を作《つく》り上《あ》げていくのはお客《きゃく》さんとの共同作業《きょうどうさぎょう》です。テレビの収録現場《しゅうろくげんば》とは全然違《ぜんぜんちが》うライブ感覚《かんかく》があり、面白《おもしろ》くて勉強《べんきょう》になる現場《げんば》だと考《かんが》えています。

Q&A

八木《やぎ》さんに聞《き》いてみよう!

Q なぜアナウンサーになろうと思《おも》ったのですか?

A 最初《さいしょ》にこの仕事《しごと》を意識《いしき》したのは小学生《しょうがくせい》の頃《ころ》です。学《がっ》校《こう》に行《い》く前《まえ》に見《み》ていた報道番組《ほうどうばんぐみ》に女性《じょせい》アナウンサーが出《で》ていて、みんな朝《あさ》から笑顔《えがお》をふりまいていたんです。見《み》ている自分《じぶん》も元気《げんき》になれる気《き》がして、あんな人《ひと》になってみたいなと思《おも》いました。それで学校《がっこう》では放送委員《ほうそういいん》をやったこともありました。ただ、そんな憧《あこが》れの気持《きも》ちはだんだん薄《うす》れていって、大学《だいがく》に入《はい》る頃《ころ》はほとんど意識《いしき》していませんでした。経済系《けいざいけい》の大学《だいがく》に進《すす》んだので、将来《しょうらい》は学校《がっこう》の先生《せんせい》か銀行員《ぎんこういん》になるのかなと考《かんが》えていましたね。

就職活動《しゅうしょくかつどう》をする少《すこ》し前《まえ》、面接《めんせつ》での話《はな》し方《かた》を教《おそ》わろうと思《おも》い、友達《ともだち》が通《かよ》っていたアナウンススクールに入《はい》ったんです。そうしたらそこで学《まな》ぶ内容《ないよう》がとても新鮮《しんせん》で面白《おもしろ》かったんですね。気《き》がつくと一緒《いっしょ》に通《かよ》っていた友達《ともだち》よりものめり込《こ》んでいました。そのスクールに行《い》っているうちに、小学生《しょうがくせい》の頃《ころ》の憧《あこが》れがまた湧《わ》いてきて、アナウンサーになりたいなと本格的《ほんかくてき》に考《かんが》えるようになりました。それが直接《ちょくせつ》のきっかけで、実《じつ》はだいぶ遅《おそ》くなってから目指《めざ》しているんです。

Q 小学生《しょうがくせい》・中学生《ちゅうがくせい》の頃《ころ》の得意科目《とくいかもく》や好《す》きだったことは何《なん》ですか?

A 体《からだ》を動《うご》かすのが大好《だいす》きで、休《やす》み時間《じかん》はドッジボールをして遊《あそ》んでいました。得意科目《とくいかもく》も体育《たいいく》です。小学《しょうがっ》校《こう》から高校《こうこう》まで陸上《りくじょう》をやっていて、ずっと走《はし》っていましたね。ハマったことはやり切《き》ってしまう性格《せいかく》なんです。

それに興味《きょうみ》が湧《わ》いたらなんでもやってみたい部分《ぶぶん》もあって、お琴《こと》やピアノをはじめ、習《なら》いごともたくさん行《い》きました。趣味《しゅみ》としてはマンガが好《す》きでしたね。3人姉妹《にんしまい》の全員《ぜんいん》が好《す》きで、本《ほん》を交換《こうかん》したり絵《え》を描《か》いたりしていました。

アナウンサーになって、経済情報《けいざいじょうほう》やスポーツ番組《ばんぐみ》などいろいろ経験《けいけん》するうちに、次《つぎ》は子《こ》どもの頃《ころ》から好《す》きだったものを自分《じぶん》の声《こえ》で発信《はっしん》したいという目標《もくひょう》ができました。それを実現《じつげん》するために行動《こうどう》したことが、今《いま》のアニメ・ゲームのカルチャーを伝《つた》える仕事《しごと》につながっている部分《ぶぶん》もあります。この仕事《しごと》には情報《じょうほう》を取《と》り込《こ》んで自分《じぶん》の声《こえ》で発信《はっしん》できるという大《おお》きな可能性《かのうせい》があるんです。子《こ》どもの頃《ころ》から好《す》きなものを伝《つた》えたいと思《おも》ったことが、自分《じぶん》の仕事《しごと》の場《ば》を広《ひろ》げてくれたので、好《す》きなものがあってよかったなと思《おも》います。

Q この仕事《しごと》の魅力《みりょく》、やりがいを教《おし》えてください。

A 取材《しゅざい》では日々《ひび》いろいろなところに行《い》ってたくさんの人《ひと》と会《あ》います。以前《いぜん》、地元《じもと》のテレビ局《きょく》に勤《つと》めていた頃《ころ》、旅番組《たびばんぐみ》を担当《たんとう》していました。その取材先《しゅざいさき》では、会《あ》ったお年寄《としよ》りがとても優《やさ》しかったり、生《う》まれ育《そだ》った土地《とち》なのに全然知《ぜんぜんし》らない場所《ばしょ》があったり、地元《じもと》のことが大好《だいす》きになれたんです。そんな新《あたら》しい発見《はっけん》から自分《じぶん》の視野《しや》が広《ひろ》がるのは面白《おもしろ》いですし、この次《つぎ》はどんなところでどんな人《ひと》に会《あ》えるんだろうと、わくわくしながら仕事《しごと》ができるところが魅力《みりょく》のひとつだと思《おも》っています。そうした取材先《しゅざいさき》で感《かん》じたことは自分《じぶん》の声《こえ》で伝《つた》えなければいけませんから、どうすればわかりやすく伝《つた》わるだろうと工夫《くふう》もしているんです。

また、テレビ番組《ばんぐみ》には多《おお》くの人《ひと》が関《かか》わっています。現場《げんば》のスタッフはもちろん、大《おお》きな枠《わく》で見《み》るとスポンサーの方《かた》や営業《えいぎょう》さんもいて、多《おお》くの人《ひと》に支《ささ》えられているんです。そうした人《ひと》たちとのコミュニケーションがつながってうまく番組《ばんぐみ》に反映《はんえい》できたときは、ものづくりをしているなと実感《じっかん》できてとても充実感《じゅうじつかん》があります。

Q 仕事《しごと》をする上《うえ》で自分《じぶん》なりに工夫《くふう》していることはありますか?

A 情報《じょうほう》を声《こえ》で伝《つた》える仕事《しごと》なので、いつも音《おと》を意識《いしき》して生活《せいかつ》しています。テレビやラジオで流《なが》れる言葉《ことば》が気《き》になったら、自分《じぶん》でも声《こえ》に出《だ》して覚《おぼ》えるようにしているんです。街中《まちなか》でふと耳《みみ》に入《はい》った言葉《ことば》の意味《いみ》を後《あと》から調《しら》べたりもします。他《ほか》のアナウンサーの方《かた》がやっているかはわかりませんが、私《わたし》なりにずっと続《つづ》けている習慣《しゅうかん》です。

聞《き》くだけでなく話《はな》し方《かた》も日《ひ》ごろから気《き》をつけています。私《わたし》はもともと話《はな》すテンポが速《はや》めなんです。ゆっくり話《はな》した方《ほう》が伝《つた》わりやすいとアドバイスされたこともあるし、自分《じぶん》で聞《き》いてみても感《かん》じが全然違《ぜんぜんちが》うので、意識《いしき》してゆっくり話《はな》すように心《こころ》がけています。話《はなし》の内容《ないよう》も伝《つた》わりやすいし、やさしい雰囲気《ふんいき》も出《だ》せるんじゃないかなと思《おも》っています。

なぜそんなことをしているかというと、もっと上手《じょうず》になりたいからですね。上《うえ》には上《うえ》がたくさんいるし、100点満点《てんまんてん》という結果《けっか》がまず出《で》ない、伝統技術《でんとうぎじゅつ》の職人《しょくにん》さんのような世界《せかい》なんです。先《さき》を目指《めざ》さずに止《と》まってしまうと置《お》いていかれるかもしれないので、日々前《ひびまえ》のめりでやっています。

Q 小学生《しょうがくせい》・中学生《ちゅうがくせい》の頃《ころ》の苦手科目《にがてかもく》は何《なん》ですか?

A 苦手科目《にがてかもく》は家庭科《かていか》でした。絵《え》を描《か》く以外《いがい》の手先《てさき》を動《うご》かす作業《さぎょう》が苦手《にがて》だったんです。学校《がっこう》での作業《さぎょう》が遅《おく》れてしまって、家《いえ》に持《も》ち帰《かえ》って母《はは》に教《おし》えてもらった記憶《きおく》があります。ただ、大人《おとな》になってから仕事《しごと》で料理《りょうり》や手芸《しゅげい》に触《ふ》れる機会《きかい》があって、やってみたら面白《おもしろ》くて好《す》きになれたんです。ゼロからものづくりをしている感《かん》じがあって、今《いま》では１～２番目《ばんめ》に好《す》きなものになっていますね。子《こ》どもの頃《ころ》に苦手《にがて》でもずっと苦手《にがて》とは限《かぎ》らないし、仕事《しごと》を通《つう》じて感性《かんせい》が変《か》わったのかなと自分《じぶん》では思《おも》います。

あと、小《ちい》さい頃《ころ》は大人《おとな》の前《まえ》に出《で》るのが苦手《にがて》で、知《し》らない人《ひと》の前《まえ》ではちょっと声《こえ》が小《ちい》さくなって縮《ちぢ》こまっていました。友達《ともだち》や子《こ》ども同士《どうし》なら平気《へいき》でも、大人《おとな》がいると恥《は》ずかしくてあいさつもできなかったんです。中学生以降《ちゅうがくせいいこう》はさすがに黙《だま》り込《こ》んだりはしませんでしたが、克服《こくふく》できたのはアナウンススクールで喋《しゃべ》り方《かた》を勉強《べんきょう》してから。言《い》いたいことがあればどんな人《ひと》の前《まえ》でもちゃんと喋《しゃべ》らないといけないなと、意識《いしき》するようになってからのことです。

Q アナウンサーに興味《きょうみ》を持《も》っている人《ひと》にメッセージをお願《ねが》いします。

A テレビに出《で》てただ目立《めだ》てばいいというわけではないので、自分《じぶん》なりの表現力《ひょうげんりょく》を身《み》につけてほしいですね。子《こ》どもの頃《ころ》からとにかくいろいろなことに興味《きょうみ》を持《も》って、いろいろな体験《たいけん》をしてください。そして、どうやれば自分《じぶん》の体験《たいけん》を自分《じぶん》の言葉《ことば》で人《ひと》に伝《つた》えられるんだろうというところまで意識《いしき》できるようになると、アナウンサーへの近道《ちかみち》とまでは言《い》えませんが、この仕事《しごと》ならではのやりがいや面白《おもしろ》みに近《ちか》づけると思《おも》うんです。ですから、今《いま》のうちに好《す》きなものをたくさん作《つく》ってほしいし、いろいろなことにチャレンジする積極性《せっきょくせい》も身《み》につけてほしいと思《おも》います。

もうひとついうなら、たくさんの人《ひと》と喋《しゃべ》ることも大事《だいじ》だと思《おも》いますね。いつもの決《き》まった友達《ともだち》とだけでなく、親《おや》や学校《がっこう》の先生《せんせい》とも話《はな》してください。そうした人《ひと》たちにはたくさんの経験《けいけん》があって、喋《しゃべ》れば広《ひろ》い視野《しや》を身《み》につけられます。それが直接仕事《ちょくせつしごと》の役《やく》に立《た》つとは限《かぎ》りませんが、仕事《しごと》の中《なか》でできることの可能性《かのうせい》を広《ひろ》げてくれることにもつながるので、よりいいアナウンサーになれると思《おも》うんです。

Q どんな人《ひと》がアナウンサーに向《む》いていると思《おも》いますか?

A 私《わたし》がこうなりたいと思《おも》うアナウンサーの方《かた》は、いつもとんでもなく前向《まえむ》きです。明《あか》るくてポジティブな人《ひと》ばかりなんです。それもただ前向《まえむ》きなだけでなく、探究心《たんきゅうしん》や上昇志向《じょうしょうしこう》も持《も》ち合《あ》わせていて、なんでもこなせる可能性《かのうせい》を持《も》っています。いわゆる「素敵《すてき》なお姉《ねえ》さん」のキャラクターを演《えん》じなくても普通《ふつう》にできる人《ひと》が多《おお》いのかもしれません。そうした中《なか》でも長《なが》く続《つづ》けていけるのは、「相手《あいて》に取材《しゅざい》させてもらっている」という感謝《かんしゃ》の気持《きも》ちを忘《わす》れず、積極的《せっきょくてき》にいろいろなことに取《と》り組《く》んでいける人《ひと》だろうと思《おも》います。実際《じっさい》にまわりを見《み》てもそういう人《ひと》が多《おお》いんです。

また、仕事《しごと》では自分《じぶん》の声《こえ》で情報《じょうほう》を伝《つた》えるだけでなく、司会《しかい》や進行役《しんこうやく》として全体《ぜんたい》を取《と》りまとめなければいけない場面《ばめん》もたくさんあります。そういう意味《いみ》では全体《ぜんたい》を見《み》られる人《ひと》というのもアナウンサーという仕事《しごと》に向《む》いていると思《おも》います。時《とき》には自分《じぶん》が前《まえ》に出《で》ることもあるし、まわりを冷静《れいせい》に見《み》て気配《きくば》りをすることもあるので、その時々《ときどき》で正《ただ》しいポジションを取《と》れるタイプの人《ひと》ですね。

モニター

進行《しんこう》に合《あ》わせた画面作《がめんづく》り

番組《ばんぐみ》の画面作《がめんづく》りのひとつとして設置《せっち》されたモニター。進行《しんこう》に応《おう》じて番組《ばんぐみ》ロゴやVTR、イメージ映像《えいぞう》などが切《き》り替《か》えられ、視聴者《しちょうしゃ》の目《め》にも直接触《ちょくせつふ》れることになります。

ゲスト席《せき》

多《おお》くの人《ひと》が登場《とうじょう》

右側《みぎかわ》はその回《かい》ごとのゲストが座《すわ》る席《せき》です。座席《ざせき》の前《まえ》にはネームプレートが差《さ》せるようになっていて、ゲストの名前《なまえ》が入《はい》ったものを回《かい》ごとに入《い》れ替《か》えています。

アナウンサーの仕事《しごと》場

八木《やぎ》さんの出演《しゅつえん》しているニュース番組《ばんぐみ》「報道《ほうどう》ライブ インサイドOUT」の収録《しゅうろく》スタジオ。カメラに映《うつ》らない部分《ぶぶん》にも多《おお》くの仕掛《しか》けが隠《かく》れています。

セット

ニュースらしい背景《はいけい》を演出《えんしゅつ》

セットは番組《ばんぐみ》に合《あ》わせてデザインされたものです。これは八木《やぎ》さんが出演《しゅつえん》している報道番組用《ほうどうばんぐみよう》のセットで、美術《びじゅつ》スタッフが収録《しゅうろく》ごとに組《く》み立《た》て・取《と》り外《はず》しを行《おこな》っています。

ローモニター

自分《じぶん》の姿《すがた》をその場《ば》でチェック

自分《じぶん》がどう撮《と》られているかを出演者《しゅつえんしゃ》が確認《かくにん》できるモニターです。カメラに映《うつ》らない場所《ばしょ》に置《お》かれていて、収録《しゅうろく》ではメインカメラ、生放送《なまほうそう》では放送中《ほうそうちゅう》の映像《えいぞう》を映《うつ》しています。

MC席《せき》

番組《ばんぐみ》の進行役《しんこうやく》が座《すわ》る席《せき》

司会者《しかいしゃ》(MC)用《よう》の席《せき》で、手元《てもと》には水入《みずい》りボトル、小型《こがた》モニターなどが設置《せっち》されています。八木《やぎ》さんは姿勢《しせい》がきれいに見《み》えるよう、収録時《しゅうろくじ》は足元《あしもと》に台《だい》を置《お》いています。

フリップ台《だい》

資料《しりょう》や新聞記事《しんぶんきじ》の紹介《しょうかい》に

番組内《ばんぐみない》で新聞記事《しんぶんきじ》を紹介《しょうかい》したり、資料《しりょう》のフリップを見《み》せたりするときに載《の》せる台《だい》です。机《つくえ》の上《うえ》にも小型《こがた》のフリップ台《だい》があり、サイズや演出効果《えんしゅつこうか》も考《かんが》えて使《つか》い分《わ》けています。

時計《とけい》

残《のこ》り時間《じかん》はいつも意識《いしき》

テレビ番組《ばんぐみ》は残《のこ》り時間《じかん》を考《かんが》えた進行《しんこう》が必要《ひつよう》です。現場《げんば》にいる人《ひと》は全員時間《ぜんいんじかん》に気《き》を使《つか》っていて、出演者《しゅつえんしゃ》はひと目《め》で残《のこ》り時間《じかん》がわかるアナログ時計《どけい》で時間《じかん》を確認《かくにん》します。

八《や》木《ぎ》さんこだわりの7つ道《ど》具《う》《ぐ》

声《こえ》で情報《じょうほう》を届《とど》けるアナウンサーの道具《どうぐ》の数々《かずかず》。
コンディション作《づく》りから本番《ほんばん》まで、
伝《つた》える準備《じゅんび》を入念《にゅうねん》にくり返《かえ》します。

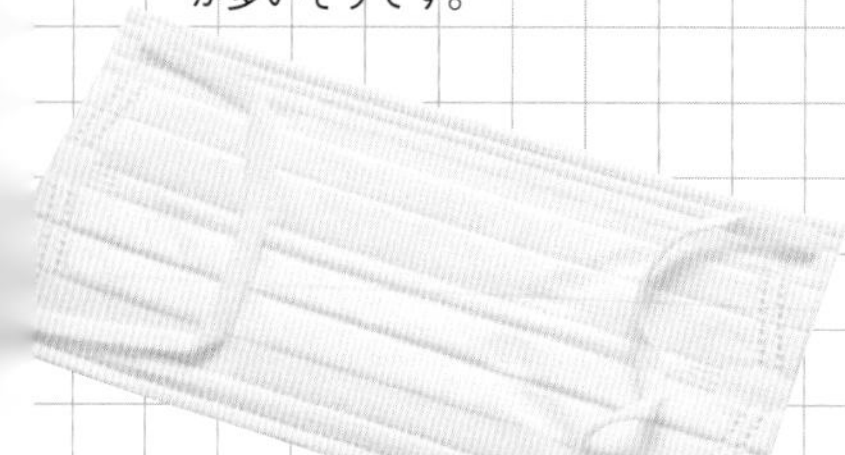

▼マスク

のどを乾燥《かんそう》から守《まも》る

のどを保護《ほご》するためにつけているマスクで、乾燥《かんそう》する冬場《ふゆば》は特《とく》に手放《てばな》せません。人《ひと》に会《あ》うときは外《はず》しますが、普段《ふだん》は装着《そうちゃく》していることが多《おお》いそうです。

▲のど飴《あめ》

体《からだ》の中《なか》からのどをケア

のどをケアするために持《も》ち歩《ある》いているのど飴《あめ》。かばんの中《なか》にはマスクとのど飴《あめ》が一年中入《いちねんじゅうはい》っていて、調子《ちょうし》の悪《わる》いときにはハチミツとレモンを混《ま》ぜた特製《とくせい》ドリンクも水筒《すいとう》で持《も》ち歩《ある》くそうです。

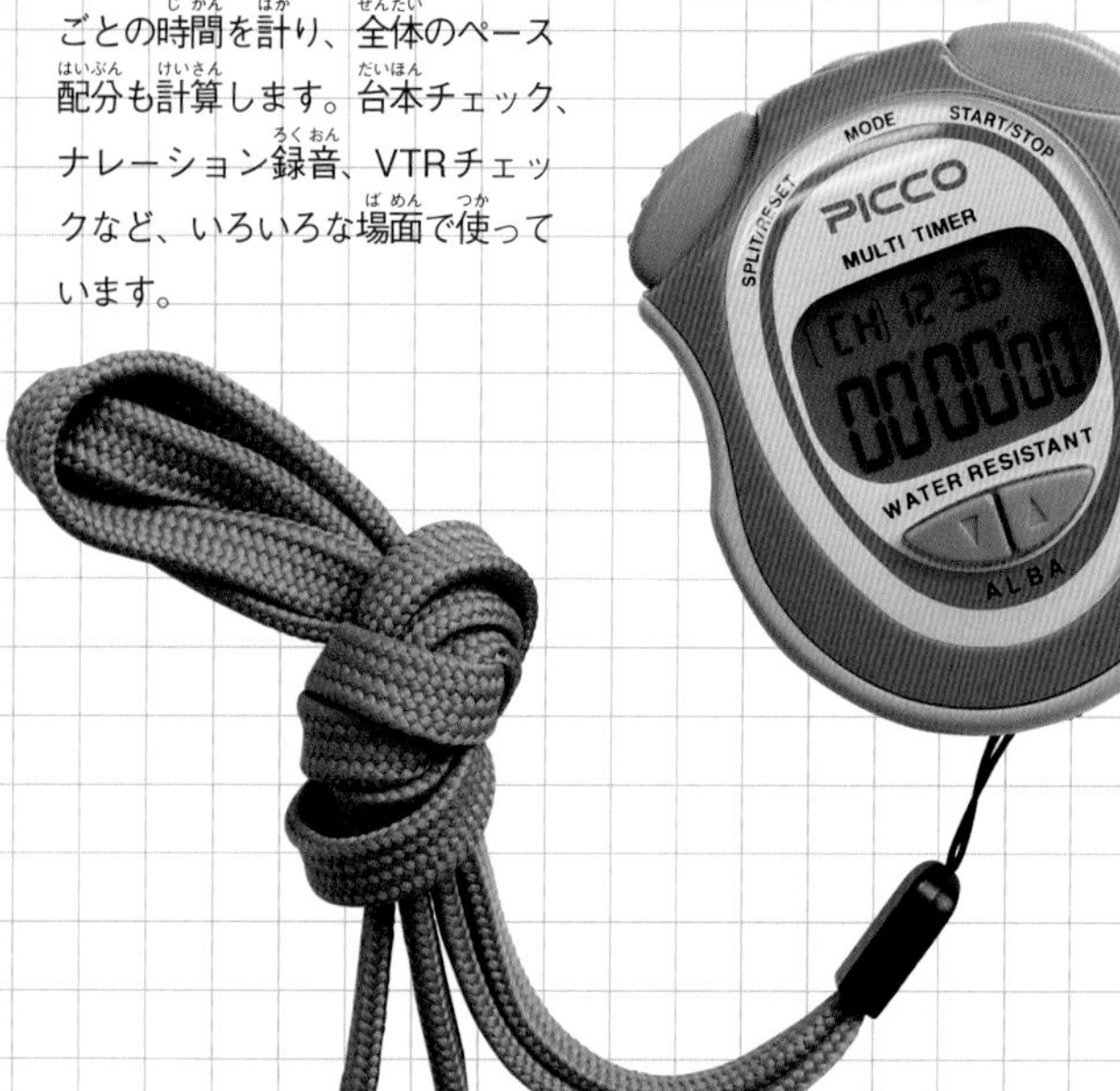

▼ストップウォッチ

話《はなし》の構成《こうせい》を作《つく》り出《だ》す

聞《き》きやすいナレーションを届《とど》けるためには、ひとつの文章《ぶんしょう》やパートごとの時間《じかん》を計《はか》り、全体《ぜんたい》のペース配分《はいぶん》も計算《けいさん》します。台本《だいほん》チェック、ナレーション録音《ろくおん》、VTRチェックなど、いろいろな場面《ばめん》で使《つか》っています。

▼腕時計《うでどけい》

本番中《ほんばんちゅう》も腕《うで》に巻《ま》く

番組出演中《ばんぐみしゅつえんちゅう》は必《かなら》ず身《み》につけているアナログ腕時計《うでどけい》。普段《ふだん》の台本《だいほん》チェックでも文字量《もじりょう》に応《おう》じてどのくらいの時間《じかん》がかかるかを意識《いしき》し、秒単位《びょうたんい》で計《はか》りながら体《からだ》で覚《おぼ》えるようにしています。

▶筆記用具《ひっきようぐ》

赤《あか》は息継《いきつ》ぎ、青《あお》は強調《きょうちょう》

台本《だいほん》は本番《ほんばん》までに何回《なんかい》もチェック。内容《ないよう》を覚《おぼ》えるだけでなく、文章《ぶんしょう》のつなぎ目《め》、漢字《かんじ》の読《よ》み方《かた》など気《き》になる点《てん》には書《か》き込《こ》みを入《い》れます。間《ま》のとり方《かた》や文章《ぶんしょう》のつなぎ目《め》は赤《あか》ペン、強調《きょうちょう》したい部分《ぶぶん》は青《あお》ペンと使《つか》い分《わ》けています。

▶アクセント辞典《じてん》

正《ただ》しい日本語《にほんご》で情報《じょうほう》を伝《つた》える

日本語《にほんご》の正《ただ》しいアクセントを調《しら》べられる辞典《じてん》です。台本《だいほん》を読《よ》むとき手元《てもと》に置《お》き、普段使《ふだんつか》わない言葉《ことば》を確認《かくにん》。よく使《つか》う言葉《ことば》でも気《き》になったらすぐに見《み》るようにしています。アナウンサーになったときに先輩《せんぱい》からプレゼントされた、思《おも》い出《で》の詰《つ》まった一冊《いっさつ》です。

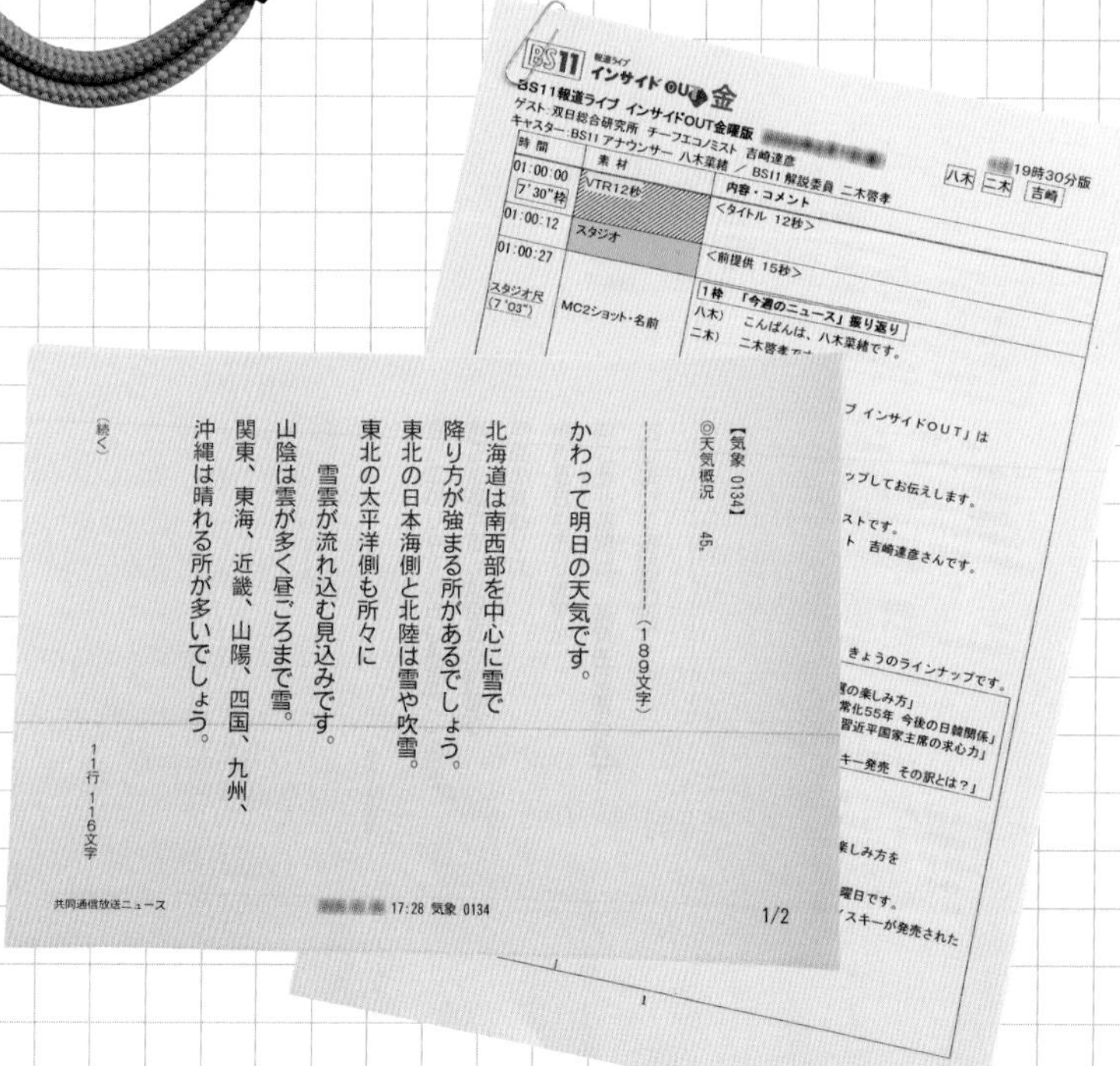

◀台本《だいほん》

用途《ようと》に合《あ》わせて使《つか》い分《わ》け

縦書《たてが》きの台本《だいほん》はニュースや生放送《なまほうそう》でよく使《つか》われるもので、読《よ》みやすいように大《おお》きな文字《もじ》で書《か》かれています。横書《よこが》きの台本《だいほん》は進行表《しんこうひょう》としても使《つか》えるよう、時間《じかん》や資料《しりょう》の指定《してい》も記載《きさい》。２種類《しゅるい》の台本《だいほん》を使《つか》いながらニュースを読《よ》み、番組《ばんぐみ》を進行《しんこう》していきます。

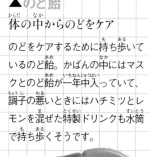

アナウンサーって どうしたらなれるの?

中学《ちゅうがく》 3年《ねん》　15歳《さい》

高校《こうこう》 3年《ねん》　18歳《さい》

大学《だいがく》 4年《ねん》　22歳《さい》

短大《たんだい》・専門学校《せんもんがっこう》 2年《ねん》　20歳《さい》

政治《せいじ》・経済《けいざい》をはじめとする多《おお》くの事柄《ことがら》を扱《あつか》うため、高校卒業後《こうこうそつぎょうご》は進学《しんがく》して専門分野《せんもんぶんや》の勉強《べんきょう》をするとよいでしょう。

学生時代《がくせいじだい》にアナウンススクール[*1]に通《かよ》う人《ひと》も少《すく》なくありません。

また、英語《えいご》の技能《ぎのう》や気象予報士《きしょうよほうし》の資格《しかく》などは、仕事《しごと》に生《い》かせる場合《ばあい》もあります。

テレビ局《きょく》・アナウンサー事務所《じむしょ》に就職《しゅうしょく》

アナウンサー枠《わく》[*2]の採用試験《さいようしけん》を受《う》けてテレビ・ラジオ局《きょく》に就職《しゅうしょく》するのが一般的《いっぱんてき》。

就職後《しゅうしょくご》は研修《けんしゅう》で仕事《しごと》の基礎《きそ》を学《まな》び、アシスタントやリポーターといった仕事《しごと》から現場《げんば》を体験《たいけん》します。

また、アナウンサー事務所《じむしょ》[*3]に所属《しょぞく》する人《ひと》もいます。

アナウンサー

アナウンサーとしての実力《じつりょく》をつけ、
ニュースキャスターや司会者《しかいしゃ》といったより大《おお》きな役割《やくわり》を任《まか》されるようになります。
視聴者《しちょうしゃ》からも人気《にんき》を集《あつ》め、独立《どくりつ》してフリーランスで働《はたら》く人《ひと》もいます。

＊1 アナウンススクール
アナウンス技術《ぎじゅつ》を教《おし》える養成学校《ようせいがっこう》。仕事《しごと》で求《もと》められる声《こえ》の出《だ》し方《かた》や話《はな》し方《かた》の技術《ぎじゅつ》を学《まな》べ、採用試験《さいようしけん》の対策《たいさく》なども行《おこな》っています。多《おお》くの人《ひと》はこうした学校《がっこう》で基本《きほん》を身《み》につけた上《うえ》で採用試験《さいようしけん》に臨《のぞ》んでいます。

＊2 アナウンサー枠《わく》
多《おお》くの放送局《ほうそうきょく》では制作部門《せいさくぶもん》や記者《きしゃ》、技術者《ぎじゅつしゃ》といった職種《しょくしゅ》ごとの採用試験《さいようしけん》を行《おこな》っていて、アナウンサーもその職種《しょくしゅ》のひとつ。アナウンサー志望者《しぼうしゃ》に対《たい》して採用数《さいようすう》は少《すく》なく、倍率《ばいりつ》が数千倍《すうせんばい》になることもあります。

＊3 アナウンサー事務所《じむしょ》
テレビ・ラジオ局《きょく》にアナウンサーを派遣《はけん》している事務所《じむしょ》やプロダクションです。所属《しょぞく》アナウンサーは番組《ばんぐみ》ごとに契約《けいやく》を結《むす》ぶ形《かたち》で出演《しゅつえん》しており、そこで評価《ひょうか》を得《え》られればまた次《つぎ》の仕事《しごと》につながっていきます。

平均給与月額《へいきんきゅうよげつがく》
73万《まん》5,000円《えん》

推定平均年収《すいていへいきんねんしゅう》
882万円《まんえん》

お給料《きゅうりょう》っていくら?

紹介《しょうかい》しているのは放送局《ほうそうきょく》に勤《つと》める人《ひと》の平均年収《へいきんねんしゅう》です。プロダクション所属《しょぞく》の場合《ばあい》は仕事量《しごとりょう》によって収入《しゅうにゅう》は変《か》わります。視聴者《しちょうしゃ》から人気《にんき》が出《で》ると仕事《しごと》も増《ふ》え、独立《どくりつ》して高収入《こうしゅうにゅう》を得《え》ることも可能《かのう》になります。

平成《へいせい》30年度《ねんど》厚生労働省《こうせいろうどうしょう》「賃金構造基本統計調査《ちんぎんこうぞうきほんとうけいちょうさ》」より。

プロデューサーってどんな仕事《しごと》?

日本《にっぽん》BS放送《ほうそう》(BS11イレブン)

小林都仁《こばやしくにひと》さん

番組作《ばんぐみづく》りの最高責任者《さいこうせきにんしゃ》

テレビ番組作《ばんぐみづく》りには多《おお》くの人《ひと》が関《かか》わっています。制作規模《せいさくきぼ》によって違《ちが》いはありますが、視聴者《しちょうしゃ》の目《め》に直接《ちょくせつ》ふれる出演者《しゅつえんしゃ》だけでなく、演出《えんしゅつ》を担当《たんとう》するディレクター、映像《えいぞう》を撮《と》るカメラマン、音声《おんせい》、編集《へんしゅう》など、仕事《しごと》の種類《しゅるい》は実《じつ》にさまざま。それぞれ専門的《せんもんてき》な技能《ぎのう》を持《も》つスタッフ同士《どうし》が力《ちから》を合《あ》わせ、ひとつのチームとして番組《ばんぐみ》を作《つく》り上《あ》げているのです。

プロデューサーはいわば番《ばん》組《ぐみ》の最高責任者《さいこうせきにんしゃ》です。企画《きかく》の立《た》ち上《あ》げに始《はじ》まり、スタッフ・出演者《しゅつえんしゃ》の選定《せんてい》、予算作《よさんづく》りとその管理《かんり》、進行状況《しんこうじょうきょう》のチェックなど、番組作《ばんぐみづく》りに大《おお》きな責任《せきにん》を持《も》って、最初《さいしょ》から最後《さいご》まであらゆる局面《きょくめん》に関《かか》わります。

制作現場《せいさくげんば》を直接動《ちょくせつうご》かすのはディレクターですが、プロデューサーは現場以外《げんばいがい》でもいろいろな役割《やくわり》を果《は》たし、番組《ばんぐみ》を完《かん》成《せい》させる大事《だいじ》な立場《たちば》。おもにテレビ局《きょく》や制作会社《せいさくがいしゃ》で働《はたら》いています。

テレビ業界《ぎょうかい》の経験《けいけん》を生《い》かす

小林《こばやし》さんはBSデジタル放《ほう》送局《そうきょく》・BS11のプロデューサーです。ディレクター経験《けいけん》から身《み》につけたテレビ業界《ぎょうかい》の知《ち》識《しき》を生《い》かし、これまでにさまざまな分野《ぶんや》の番組《ばんぐみ》を担当《たんとう》してきました。現在《げんざい》はスポーツドキュメンタリー番組《ばんぐみ》、スポーツ情報番組《じょうほうばんぐみ》などに関《かか》わっており、現場《げんば》のスタッフからも高《たか》い信頼《しんらい》を集《あつ》めています。

小林《こばやし》さんの一日《いちにち》

10:00　出社《しゅっしゃ》、メールチェック

10:30　デスクワーク

12:00　VTRチェック

13:00　昼食《ちゅうしょく》

14:30　出演者《しゅつえんしゃ》の出迎《でむか》え

16:00　打《う》ち合《あ》わせ

16:30　リハーサル

17:30　番組収録《ばんぐみしゅうろく》

19:00　テープチェック

20:00　テープ納品《のうひん》

21:00　退勤《たいきん》

プロデューサーの仕事《しごと》

10:00 出社《しゅっしゃ》、メールチェック

小林《こばやし》さんはプロデューサーとしていくつもの番組《ばんぐみ》を手《て》がけていますが、この日《ひ》は担当《たんとう》するバスケットボール情報番《じょうほうばん》組《ぐみ》の収録《しゅうろく》・放送日《ほうそうび》。外部《がいぶ》の人《ひと》と会《あ》う機会《きかい》が多《おお》く、ときには予定外《よていがい》の用事《ようじ》も飛《と》び込《こ》んでくるので、基本的《きほんてき》にスーツで出《しゅっ》社《しゃ》しています。

まずは机《つくえ》に向《む》かってメールをチェック。番組《ばんぐみ》の進行《しんこう》に合《あ》わせて届《とど》くさまざまな種類《しゅるい》のメールを確認《かくにん》して返事《へんじ》を書《か》き、大事《だいじ》な用件《ようけん》があればすぐに電《でん》話連絡《われんらく》を入《い》れます。

10:30 デスクワーク

連絡《れんらく》が終《お》わった後《あと》も机《つくえ》に向《む》かい、書類作《しょるいづく》りなどの仕事《しごと》を行《おこな》います。予算管理《よさんかんり》や企画作《きかくづく》りなど日《ひ》によってさまざまな種類《しゅるい》の作業《さぎょう》があり、中《なか》でも番《ばん》組情報《ぐみじょうほう》シートはこまめな更新《こうしん》を心《こころ》がけています。

情報《じょうほう》シートとは番組《ばんぐみ》の放送《ほうそう》時間《じかん》、出演者《しゅつえんしゃ》、サブタイトルなど大事《だいじ》な情報《じょうほう》を記入《きにゅう》したもの。新聞《しんぶん》のラジオ・テレビ欄《らん》(ラテ欄《らん》)や電子番組表《でんしばんぐみひょう》に載《の》る紹介文《しょうかいぶん》も記《しる》されており、番《ばん》組《ぐみ》の魅力《みりょく》を伝《つた》える工夫《くふう》は欠《か》かせません。社内《しゃない》で最新《さいしん》の番組《ばんぐみ》データをいつでも共有《きょうゆう》できるよう、更新《こうしん》した情報《じょうほう》シートはすぐに編成《へんせい》・営業《えいぎょう》などの部署《ぶしょ》にデータで送《おく》ります。

12:00 VTRチェック

テレビ番組《ばんぐみ》に使《つか》われるVTR映像《えいぞう》はあらかじめ編集《へんしゅう》スタッフの手《て》で準備《じゅんび》されたもの。放送当日《ほうそうとうじつ》では修正《しゅうせい》があっても

間《ま》に合《あ》わないため、放送《ほうそう》より何日《なんにち》か前《まえ》にあらかじめチェックをしています。

ここで確認《かくにん》しているのは別《べつ》の日《ひ》の番組《ばんぐみ》で使《つか》うVTR映像《えいぞう》です。制作《せいさく》スタッフと一緒《いっしょ》に内容《ないよう》が視聴者《しちょうしゃ》にちゃんと伝《つた》わるか、技術的《ぎじゅつてき》なミスがないかをしっかりチェック。必要《ひつよう》があれば修正《しゅうせい》の指示《しじ》を出《だ》します。

13:00 昼食《ちゅうしょく》

午後《ごご》になると収録本番《しゅうろくほんばん》に向《む》けスタッフが集《あつ》まり、準備《じゅんび》が進《すす》んでいきます。小林《こばやし》さんも準備《じゅんび》に立《た》ち会《あ》って進行《しんこう》を見届《みとど》けますが、その合間《あいま》にスタジオ前《まえ》のスペースで食事《しょくじ》を取《と》ります。

14:30 出演者《しゅつえんしゃ》の出迎《でむか》え

番組出演者《ばんぐみしゅつえんしゃ》がテレビ局《きょく》に到着《とうちゃく》する時間《じかん》には外《そと》で到着《とうちゃく》を待《ま》ちます。小林《こばやし》さんは人《ひと》と人《ひと》の関係《かんけい》を大事《だいじ》にしており、出演《しゅつえん》者《しゃ》は「番組《ばんぐみ》に出《で》てもらう」という意識《いしき》で礼儀正《れいぎただ》しく出迎《でむか》えるそうです。また、顔《かお》を合《あ》わせる時《とき》には相手《あいて》の調子《ちょうし》が悪《わる》くないかにも気《き》を配《くば》っていて、何《なに》か問題《もんだい》があればフォローも忘《わす》れません。

16:00 打《う》ち合《あ》わせ

出演者《しゅつえんしゃ》が全員《ぜんいん》そろって衣《い》装《しょう》・メイクの準備《じゅんび》が整《ととの》ったら、控室《ひかえしつ》で打《う》ち合《あ》わせをします。参加《さんか》するのはプロデューサー、ディレクター、アシスタント・ディレクター（AD）といった制作《せいさく》スタッフと出演者《しゅつえんしゃ》たち。台本《だいほん》を見《み》ながらどういう流《なが》れで収録《しゅうろく》を進《すす》めるか確認《かくにん》していきます。

番組《ばんぐみ》の構成《こうせい》や扱《あつか》う内容《ないよう》は事《じ》前《ぜん》の打《う》ち合《あ》わせであらかじめ決《き》めておくため、この打《う》ち合《あ》わせは最終確認《さいしゅうかくにん》の意味合《いみあ》いが強《つよ》いそうです。細《こま》かい言《い》い回《まわ》しや出演者《しゅつえんしゃ》のコメントを調整《ちょうせい》し、準備《じゅんび》が整《ととの》ったらスタジオに向《む》かいます。

16:30 リハーサル

相手《あいて》が気持《きも》ちよく仕事《しごと》できるよう、リハーサル開始前《かいしまえ》に

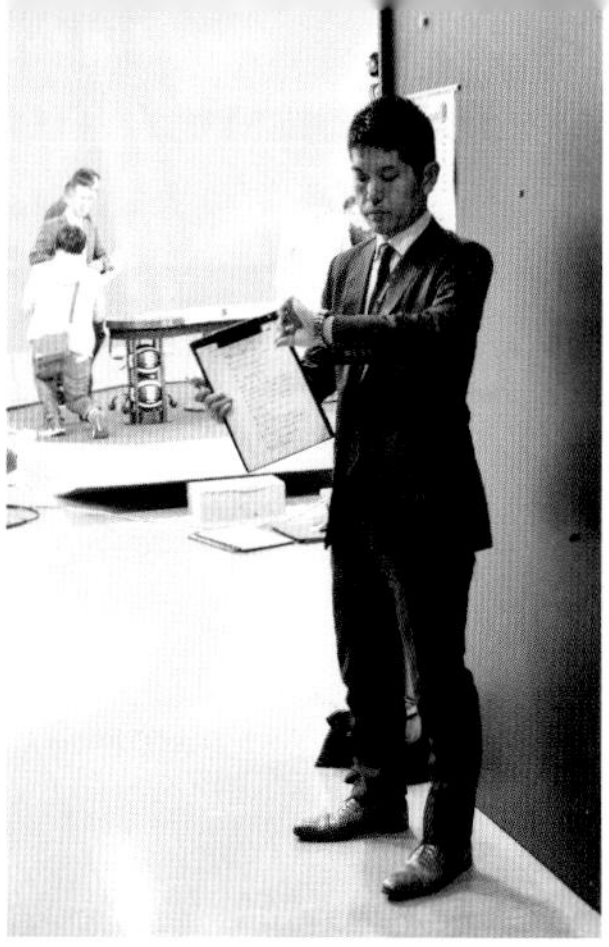

はスタジオ入《い》り口《ぐち》で出演者《しゅつえんしゃ》を出迎《でむか》えます。スタジオ内《ない》では技術《ぎじゅつ》スタッフが準備《じゅんび》を進《すす》めているので、トラブルが起《お》きていないかもチェック。全体《ぜんたい》の準備《じゅんび》が整《ととの》ったら副調整室《ふくちょうせいしつ》でリハーサルの進行《しんこう》を見届《みとど》けます。

リハーサルでは台本《だいほん》に沿《そ》って本番《ほんばん》と同《おな》じように番組《ばんぐみ》が進《しん》行《こう》するので、手元《てもと》の台本《だいほん》とモニターを見比《みくら》べながら進行《しんこう》をチェック。小林《こばやし》さんはわかりやすい表現《ひょうげん》ができているか、間違《まちが》いや不適切《ふてきせつ》な表現《ひょうげん》はないかを視聴者《しちょうしゃ》に近《ちか》い視線《しせん》で見《み》るようにしていて、気《き》になる点《てん》があれば担当《たんとう》ディレクターに意見《いけん》を伝《つた》えます。

17:30 番組収録《ばんぐみしゅうろく》

リハーサルが終《お》わるといよいよ本番《ほんばん》。この日《ひ》の収録《しゅうろく》は本《ほん》放送《ほうそう》と同《おな》じ長《なが》さの時間《じかん》で撮影《さつえい》し、それを編集《へんしゅう》せずに放送《ほうそう》する事前収録《じぜんしゅうろく》という形式《けいしき》です。番組自体《ばんぐみじたい》は生放送《なまほうそう》のように進《しん》行《こう》しますが、大《おお》きな間違《まちが》いが起《お》きると部分的《ぶぶんてき》にやり直《なお》すこともあります。

現場《げんば》の進行《しんこう》は制作《せいさく》スタッフ・技術《ぎじゅつ》スタッフに任《まか》せていますが、プロデューサーも副《ふく》調整室《ちょうせいしつ》で収録《しゅうろく》に立《た》ち会《あ》い、撮《と》り直《なお》しなどの最終判断《さいしゅうはんだん》を下《くだ》します。機材《きざい》の準備《じゅんび》や撮《と》り直《なお》しで時間《じかん》がかかる場合《ばあい》もあり、30分番組《ぶんばんぐみ》でも収録《しゅうろく》には1時間《じかん》ほどかかるといいます。

19:00 テープチェック

収録《しゅうろく》が終《お》わると放送用《ほうそうよう》テープを自《みずか》らチェックします。番《ばん》組《ぐみ》の内容《ないよう》は本番中《ほんばんちゅう》に見《み》ているので、ここで気《き》をつけるのは物理的《ぶつりてき》な問題《もんだい》がないかどうか。ノイズなどが入《はい》っていれば編《へん》集《しゅう》で差《さ》し替《か》え、本放送用《ほんほうそうよう》と予《よ》備《び》用《よう》のテープを2本《ほん》作《つく》ります。

20:00 テープ納品《のうひん》

チェックを終《お》えてテープが完成《かんせい》すると、放送《ほうそう》を管理《かんり》する部署《ぶしょ》にプロデューサー自《みずか》ら持《も》っていきます。地震《じしん》が起《お》きてエレベーターに閉《と》じ込《こ》められるといった万《まん》が一《いち》の事態《じたい》を避《さ》けるため、移動《いどう》に使《つか》うのはいつも階段《かいだん》です。

無事《ぶじ》に納品《のうひん》されたテープは本放送時刻《ほんほうそうじこく》の22時《じ》になるとテレビ局《きょく》から送出《そうしゅつ》され、各家庭《かくかてい》のテレビに届《とど》けられます。

21:00 退勤《たいきん》

スポーツ協会《きょうかい》など大切《たいせつ》な相《あい》手《て》とやり取《と》りすることも多《おお》く、外部《がいぶ》との連絡《れんらく》は一日中《いちにちじゅう》取《と》っていますが、仕事《しごと》の終《お》わりには改《あらた》めてメールをチェック。翌《よく》日《じつ》以降《いこう》の仕事《しごと》の準備《じゅんび》も行《おこな》い、やり残《のこ》しがないか確認《かくにん》してから退勤《たいきん》します。

時《とき》にはこんな仕事《しごと》も

ロケへの立《た》ち会《あ》い

現場《げんば》で取材相手《しゅざいあいて》との関係《かんけい》を築《きず》く

プロデューサーの仕事場《しごとば》はテレビ局《きょく》だけに限《かぎ》らず、番組《ばんぐみ》によってさまざま。時《とき》には外《そと》で行《おこな》われる取材《しゅざい》に立《た》ち会《あ》うこともあります。

いま小林《こばやし》さんが担当《たんとう》している番組《ばんぐみ》のひとつに、高校生《こうこうせい》・大学生《だいがくせい》のスポーツ選手《せんしゅ》を取《と》り上《あ》げたスポーツドキュメンタリー番組《ばんぐみ》があります。この取《しゅ》材《ざい》では、カメラマンなどのスタッフと一緒《いっしょ》に小林《こばやし》さんもロケに同行《どうこう》することも。現場《げんば》の様子《ようす》を見届《みとど》けるだけでなく、関係者《かんけいしゃ》と直接話《ちょくせつはなし》をしたり、自《じ》身《しん》が選手《せんしゅ》へのインタビュアーを務《つと》めたりもしていて、インタビュー映像《えいぞう》をそのまま番組《ばんぐみ》に使《つか》うこともあるといいます。

また、企画《きかく》が本格的《ほんかくてき》に動《うご》きだす前《まえ》から撮影《さつえい》を進《すす》めることもあり、そういう場《ば》には積極《せっきょく》的《てき》に足《あし》を運《はこ》ぶようにしています。そうすることで本格的《ほんかくてき》な取材《しゅざい》につながるきっかけも作《つく》れ、相手《あいて》との信頼関係《しんらいかんけい》も築《きず》けるそうです。

すべての制作工程《せいさくこうてい》に直接関《ちょくせつかか》わるわけではありませんが、このように全体《ぜんたい》の流《なが》れを見《み》てポイントとなる大事《だいじ》な場所《ばしょ》に対応《たいおう》することも、プロデューサーの大事《だいじ》な仕事《しごと》のひとつなのです。

Q&A

小林《こばやし》さんに聞《き》いてみよう!

Q なぜプロデューサーになろうと思《おも》ったのですか?

A 僕《ぼく》がテレビ業界《ぎょうかい》を目指《めざ》したのは、高校《こうこう》2年生《ねんせい》の時《とき》の体験《たいけん》が元《もと》になっている気《き》がします。通《かよ》っていた高校《こうこう》で在校生《ざいこうせい》が卒業生《そつぎょうせい》を送《おく》り出《だ》すイベントがあったんです。そこで代表《だいひょう》に選《えら》ばれ、担当《たんとう》クラスの3年生《ねんせい》の名前《なまえ》を全員《ぜんいん》覚《おぼ》えるという出《だ》し物《もの》をやりました。本番《ほんばん》ではわりと評判《ひょうばん》がよくて、そこで人《ひと》を楽《たの》しませるのは面白《おもしろ》いなと感《かん》じたんです。特《とく》に魅力的《みりょくてき》だったのは、自分《じぶん》で企画《きかく》を立《た》てて実行《じっこう》したことに反応《はんのう》が返《かえ》ってくる点《てん》。それで、将来《しょうらい》も何《なに》か人《ひと》を楽《たの》しませる仕事《しごと》をしたい、だったら一番《いちばん》のエンターテインメントであるテレビ業界《ぎょうかい》で働《はたら》きたいと考《かんが》えるようになったんです。

大学《だいがく》にも進学《しんがく》しましたが、専門的《せんもんてき》な勉強《べんきょう》はしていませんでした。卒業《そつぎょう》してもすぐテレビ局《きょく》に就職《しゅうしょく》したわけではなく、アルバイトで暮《く》らしていた時期《じき》もあったんです。その後《ご》、制作会社《せいさくがいしゃ》でADの仕事《しごと》について、いろいろな現場《げんば》で働《はたら》く中《なか》で業界《ぎょうかい》の知識《ちしき》を身《み》につけていきました。そこから少《すこ》しずつディレクターの仕事《しごと》をやらせてもらうようになり、ディレクターを経《へ》てプロデューサーをしているという感《かん》じです。

Q この仕事《しごと》の大変《たいへん》なところ、苦労《くろう》は何《なん》ですか?

A 僕《ぼく》がテレビで扱《あつか》っているのは生身《なまみ》の人間《にんげん》なので、どうしてもイレギュラーなできごとが起《お》こります。出演者《しゅつえんしゃ》が体調《たいちょう》を崩《くず》したりとかもあります。あとは外《そと》のロケだと天気《てんき》なんかもそうですね。何《なに》か起《お》きても対処《たいしょ》できるよう最大限《さいだいげん》に準備《じゅんび》していますが、思《おも》ってもいなかったトラブルが起《お》きることも結構《けっこう》多《おお》く、行《い》き当《あ》たりばったりな対応《たいおう》になることもあるんですよ。そんなトラブルの数々《かずかず》を処理《しょり》するのもプロデューサーの仕事《しごと》のひとつなのですが、やっぱり苦労《くろう》はさせられますね。

また、途中《とちゅう》まで進《すす》めていた企画《きかく》にやむを得《え》ない事情《じじょう》でストップがかかることもあります。僕《ぼく》としては番組《ばんぐみ》にしようといろいろな人《ひと》を巻《ま》き込《こ》んで準備《じゅんび》を進《すす》めているので、そうなってしまうと大変《たいへん》です。別《べつ》の形《かたち》で世《よ》に出《だ》せるのならまだ挽回《ばんかい》はできるでしょうが、企画自体《きかくじたい》がなくなってしまい、それまでの準備《じゅんび》や仕事《しごと》が全部無《ぜんぶむ》になったりもするんです。そうなるともう取《と》り返《かえ》しがつかないので、やはり辛《つら》い気分《きぶん》になってしまいますね。

Q この仕事《しごと》の魅力《みりょく》、やりがいを教《おし》えてください。

A 一番《いちばん》やりがいを感《かん》じるのは、自分《じぶん》の作《つく》った番組《ばんぐみ》が視聴者《しちょうしゃ》の生《い》き方《かた》になんらかの影響《えいきょう》を与《あた》えられたときです。「番組《ばんぐみ》を観《み》て頑張《がんば》れるようになった」と言《い》ってくれる方《かた》もいて、本当《ほんとう》にうれしい気持《きも》ちになります。取材《しゅざい》の中《なか》で取材対象者《しゅざいたいしょうしゃ》とつながりができることもありますが、その方向《ほうこう》だけを向《む》いているとそれなりのものしか作《つく》れません。やはりテレビは視聴者《しちょうしゃ》のためにあるものなので、いい番組《ばんぐみ》を作《つく》りたかったら視聴者《しちょうしゃ》の側《がわ》を見《み》るべきなんです。

あとは制作現場《せいさくげんば》での話《はなし》ですが、番組作《ばんぐみづく》りはいつも同《おな》じ人《ひと》と組《く》んでいるわけではなく、制作会社《せいさくがいしゃ》や出演者《しゅつえんしゃ》にお願《ねが》いしてやってもらっています。仕事《しごと》なのでみんなの立場《たちば》が違《ちが》いますし、予算《よさん》や時間《じかん》に制限《せいげん》がある場合《ばあい》もあります。そんな中《なか》でも「いいものを作《つく》りたい」という気持《きも》ちが勝《か》って、みんなが同《おな》じ方向《ほうこう》を向《む》いて仕事《しごと》ができると、テレビならではのいい瞬間《しゅんかん》だと思《おも》いますね。自分《じぶん》の道《みち》は間違《まちが》っていなかったというと大《おお》げさかもしれませんが、そういう現場《げんば》をもっと作《つく》れたらいいなと思《おも》います。

Q 子《こ》どもの頃《ころ》にもっとしておけばよかったと思《おも》うことは?

A プロデューサーの仕事《しごと》は文章《ぶんしょう》を書《か》く機会《きかい》が結構《けっこう》多《おお》いんです。企画書《きかくしょ》やラテ欄《らん》の番組情報《ばんぐみじょうほう》はしょっちゅう書《か》いています。番組《ばんぐみ》の台本《だいほん》はいつもチェックしますが、僕《ぼく》が直接《ちょくせつ》直《なお》しを入《い》れることもあります。映像《えいぞう》を作《つく》るときも、最初《さいしょ》は「こういう映像《えいぞう》がほしい」という文章《ぶんしょう》のやり取《と》りから始《はじ》めたりします。そういうときに、なかなかうまい表現《ひょうげん》が出《で》てこなくて悩《なや》むことも多《おお》いんです。たぶんそれは僕《ぼく》の語彙力《ごいりょく》が足《た》りないからで、本《ほん》を読《よ》んでいるかいないかで差《さ》が出《で》る部分《ぶぶん》だと思《おも》うんです。ですから、もっと本《ほん》を読《よ》んでいればよかったなと思《おも》いますし、もっと読《よ》まないといけないなと今《いま》でも思《おも》わされます。

国語《こくご》はわりと得意科目《とくいかもく》で、現代文《げんだいぶん》の読解問題《どっかいもんだい》などは好《す》きでしたが、読書《どくしょ》はあまりしていませんでした。そのせいか、作文《さくぶん》・小論文《しょうろんぶん》は得意《とくい》ではなく、自分《じぶん》で書《か》くとなるとちょっと苦手意識《にがていしき》がありますね。文章《ぶんしょう》を読《よ》む力《ちから》、書《か》く力《ちから》のどちらも求《もと》められる仕事《しごと》ですから、映像《えいぞう》だけでなく本《ほん》にも触《ふ》れておきたかったですね。

Q 子《こ》どもの頃《ころ》の体験《たいけん》で、今役《いまやく》に立《た》っていることはありますか?

A 子《こ》どもの頃《ころ》から大学時代《だいがくじだい》までずっと野球《やきゅう》をやっていましたが、その経験《けいけん》は生《い》きている気《き》がします。ポジションはキャッチャー。ピッチャー、チーム、監督《かんとく》の様子《ようす》をうかがいつつ、試合全体《しあいぜんたい》の状況《じょうきょう》も見《み》ていくポジションです。チームを支《ささ》える縁《えん》の下《した》の力持《ちからも》ちみたいなところが魅力《みりょく》的《てき》に思《おも》えて、自分《じぶん》で志望《しぼう》したんです。みんなをまとめるキャプテンというより、そういう裏方的《うらかたてき》な役割《やくわり》に向《む》いていたのかもしれませんね。

テレビ番組《ばんぐみ》も大人数《おおにんずう》で作《つく》りますから、団体行動《だんたいこうどう》という意《い》味《み》でもキャッチャー経験《けいけん》が役立《やくだ》っていると思《おも》います。相手《あいて》に合《あ》わせていろいろ気《き》を配《くば》り、みんなをひとつの方向《ほうこう》に向《む》かわせるのは、今《いま》の仕事《しごと》でも同《おな》じです。番組作《ばんぐみづく》りに参加《さんか》しているスタッフはみんな立場《たちば》が違《ちが》っていて、そこをまとめるのもプロデューサーの仕事《しごと》なんですよ。それも上《うえ》の立場《たちば》から押《お》しつけるのではなくて、スタッフそれぞれと話《はなし》をしながら納得《なっとく》してもらう。そういうチームプレイの基本《きほん》みたいなものは、野球《やきゅう》を通《つう》じて身《み》についたような気《き》がします。

Q どんな人《ひと》がプロデューサーに向《む》いていると思《おも》いますか?

A テレビ業界《ぎょうかい》で働《はたら》く人《ひと》にとっては、テレビを好《す》きであることが一番大事《いちばんだいじ》です。さらになにか好《す》きなことがあって、その魅力《みりょく》を人《ひと》に伝《つた》えたい気持《きも》ちがあるといいと思《おも》いますね。そういう人《ひと》なら映画《えいが》や動画《どうが》サイトとは違《ちが》う、テレビなりの魅力《みりょく》を発信《はっしん》できるでしょうし、できればそういう人《ひと》と一緒《いっしょ》にやっていきたいと思《おも》います。

プロデューサーにはバランス感覚《かんかく》のある人《ひと》が多《おお》い気《き》がします。偏《かたよ》りすぎてしまうといい番組《ばんぐみ》になりませんし、プロデューサーが偏《かたよ》ると止《と》めてくれる人《ひと》がいないんですよ。番《ばん》組《ぐみ》の内容《ないよう》だけでなく、予算《よさん》や視聴者《しちょうしゃ》からの反響《はんきょう》などにも気《き》を配《くば》らなければいけない立場《たちば》ですから、いろいろな分野《ぶんや》の仕事《しごと》をそこそこできるタイプがいいでしょうね。

僕《ぼく》もなにかに秀《ひい》でているわけではありません。ただ、テレビは多《おお》くの人《ひと》の力《ちから》を寄《よ》せ集《あつ》めて作《つく》っていくものなので、特別《とくべつ》な能力《のうりょく》が必要《ひつよう》だったらできる人《ひと》に頼《たの》めばいいんです。ですから、他人《たにん》の実力《じつりょく》をちゃんと評価《ひょうか》できる、人《ひと》のことを好《す》きな人《ひと》も向《む》いているでしょうね。

Q 仕事《しごと》をする上《うえ》で自分《じぶん》なりに工夫《くふう》していることはありますか?

A プロデューサーは「いいものを作《つく》りたい」という気《き》持《も》ちを番組《ばんぐみ》スタッフの中《なか》で一番強《いちばんつよ》く持《も》たなければいけないと考《かんが》えています。僕《ぼく》はプロデューサーという立場《たちば》で番組《ばんぐみ》に関《かか》わっていますが、本当《ほんとう》にその気持《きも》ちがないとスタッフの信頼《しんらい》もたぶん得《え》られません。きちんとした思《おも》いがあればスタッフにも伝《つた》わるし、意気《いき》に感《かん》じてみんながいつも以上《いじょう》の仕事《しごと》をしてくれて、番組《ばんぐみ》の質《しつ》を上《あ》げることだってあると思《おも》うんです。実際《じっさい》にできているかどうかはともかくとして、そこはいつも意識《いしき》しています。

これは最初《さいしょ》から持《も》っていた考《かんが》えではなく、経験《けいけん》から身《み》についた考《かんが》えですね。ADやディレクターとしていろいろな現場《げんば》を見《み》てきて、「この人《ひと》のためならがんばろう」と思《おも》わされた経験《けいけん》もありますし、自分《じぶん》がプロデューサーになってからの経験《けいけん》もあります。そういう部分《ぶぶん》がないと、ものを作《つく》る現場《げんば》はうまくいきません。しかも、やっているふりだけでは嘘《うそ》だとすぐわかってしまうので、本当《ほんとう》に心《こころ》の底《そこ》からそう思《おも》わなければいけないんです。

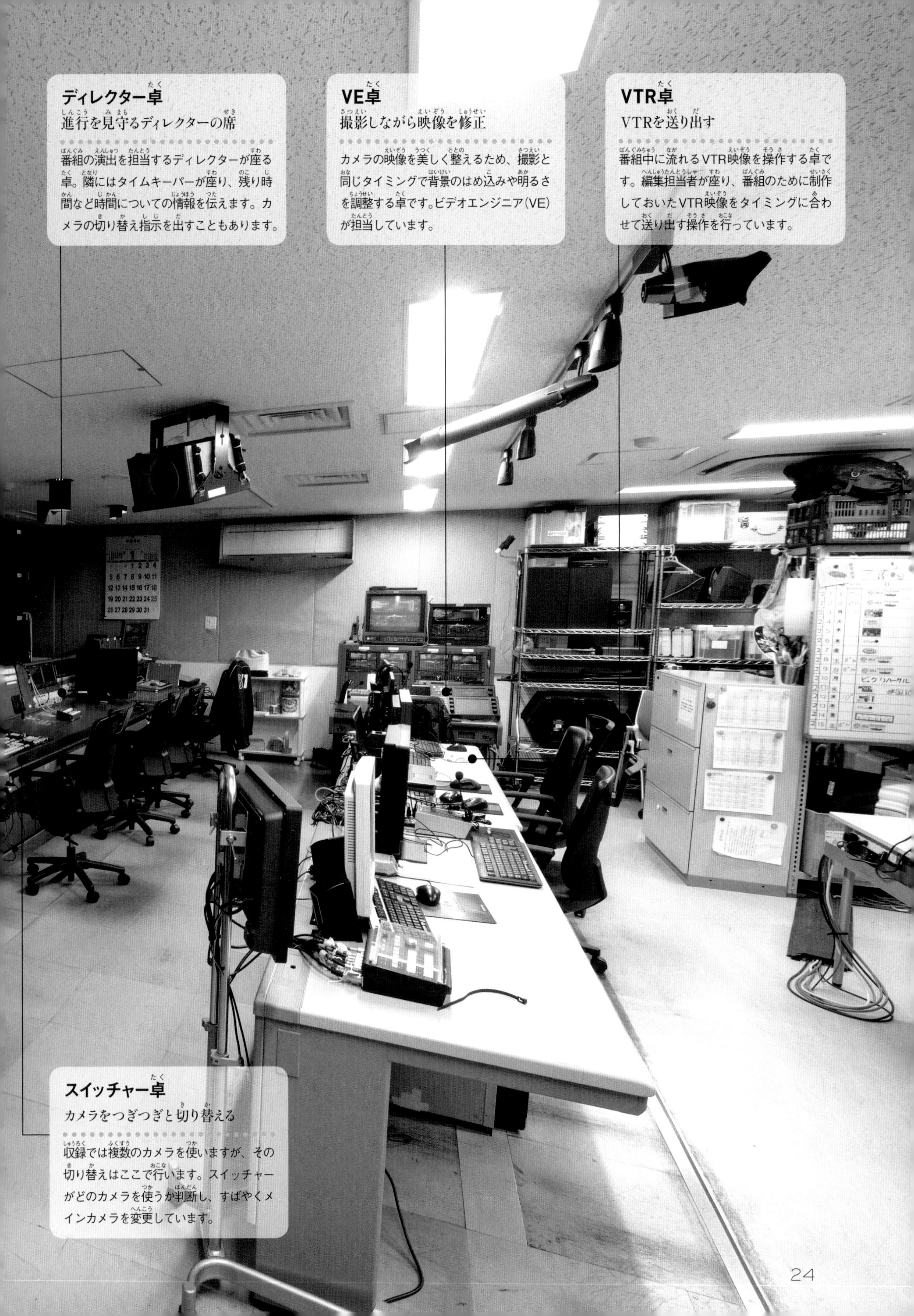

ディレクター卓《たく》

進行《しんこう》を見守《みまも》るディレクターの席《せき》

番組《ばんぐみ》の演出《えんしゅつ》を担当《たんとう》するディレクターが座《すわ》る卓《たく》。隣《となり》にはタイムキーパーが座《すわ》り、残《のこ》り時《じ》間《かん》など時間《じかん》についての情報《じょうほう》を伝《つた》えます。カメラの切《き》り替《か》え指示《しじ》を出《だ》すこともあります。

VE卓《たく》

撮影《さつえい》しながら映像《えいぞう》を修正《しゅうせい》

カメラの映像《えいぞう》を美《うつく》しく整《ととの》えるため、撮影《さつえい》と同《おな》じタイミングで背景《はいけい》のはめ込《こ》みや明《あか》るさを調整《ちょうせい》する卓《たく》です。ビデオエンジニア（VE）が担当《たんとう》しています。

VTR卓《たく》

VTRを送《おく》り出《だ》す

番組中《ばんぐみちゅう》に流《なが》れるVTR映像《えいぞう》を操作《そうさ》する卓《たく》です。編集担当者《へんしゅうたんとうしゃ》が座《すわ》り、番組《ばんぐみ》のために制作《せいさく》しておいたVTR映像《えいぞう》をタイミングに合《あ》わせて送《おく》り出《だ》す操作《そうさ》を行《おこな》っています。

スイッチャー卓《たく》

カメラをつぎつぎと切《き》り替《か》える

収録《しゅうろく》では複数《ふくすう》のカメラを使《つか》いますが、その切《き》り替《か》えはここで行《おこな》います。スイッチャーがどのカメラを使《つか》うか判断《はんだん》し、すばやくメインカメラを変更《へんこう》しています。

プロデューサーの仕事場《しごとば》

スタジオに隣接《りんせつ》する副調整室《ふくちょうせいしつ》には、
映像《えいぞう》・機材《きざい》をコントロールする機能《きのう》がそろっています。
収録時《しゅうろくじ》には多《おお》くのスタッフがここで働《はたら》き、
プロデューサーも進行《しんこう》を見守《みまも》ります。

時計《とけい》

番組作《ばんぐみづく》りは時間《じかん》が第一《だいいち》!

あらかじめ収録時間《しゅうろくじかん》が決《き》まっているテレビ番組《ばんぐみ》にとって、時間《じかん》はとても大事《だいじ》な要素《ようそ》。スタッフがすぐに時間《じかん》をチェックできるよう、大《おお》きな時計《とけい》が何個《なんこ》も用意《ようい》されています。

音効機材《おんこうきざい》

音楽《おんがく》・効果音《こうかおん》を送出《そうしゅつ》

音楽《おんがく》や効果音《こうかおん》(SE) を流《なが》す機材《きざい》です。番組中《ばんぐみちゅう》で使《つか》われる音楽《おんがく》・SEはあらかじめCDからここに取《と》り込《こ》んでおき、タイミングに合《あ》わせて音響効果担当者《おんきょうこうかたんとうしゃ》が正確《せいかく》に送出《そうしゅつ》します。

音声卓《おんせいたく》

音《おと》をバランスよくとらえる

マイクの録音《ろくおん》レベルを調整《ちょうせい》する卓《たく》で、音声担当者《おんせいたんとうしゃ》が座《すわ》ります。スタジオ内《ない》の音《おと》が聞《き》き取《と》りやすいよう、出演者《しゅつえんしゃ》が喋《しゃべ》るタイミングに合《あ》わせてつまみを操作《そうさ》します。

モニター

すべての映像《えいぞう》を表示《ひょうじ》する

前面《ぜんめん》のモニターにはスタジオ内《ない》のカメラごとの映像《えいぞう》、番組《ばんぐみ》に挿入《そうにゅう》されるVTR映像《えいぞう》、CGで処理《しょり》した画像《がぞう》などを表示《ひょうじ》。番組《ばんぐみ》に関《かか》わるあらゆる映像《えいぞう》がいつでも確認《かくにん》できます。

小林《こばやし》さんこだわりの7つ道具《どうぐ》

多《おお》くの役割《やくわり》を持《も》つ
プロデューサー・小林《こばやし》さんの7つ道具《どうぐ》。
幅広《はばひろ》い仕事《しごと》に対応《たいおう》できるよう、
いろいろな種類《しゅるい》の道具《どうぐ》を使《つか》いこなします。

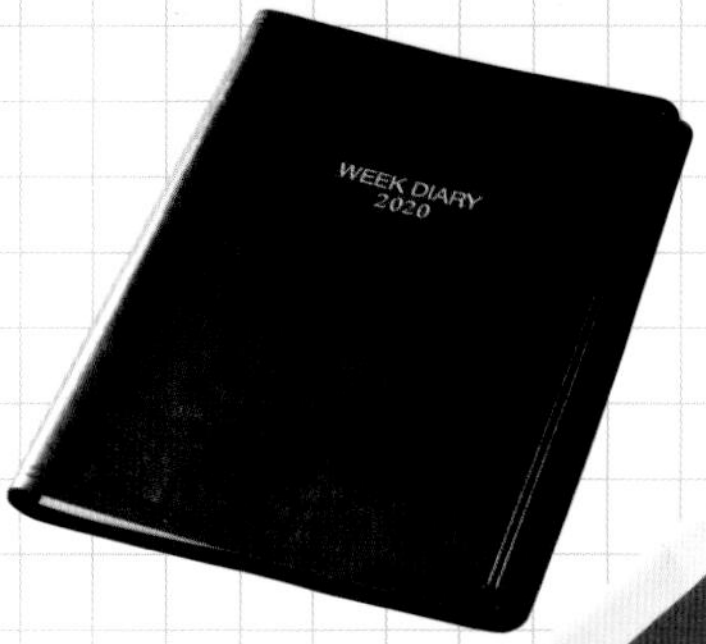

▶手帳《てちょう》

大事《だいじ》なことはしっかり記録《きろく》

しっかり記録《きろく》を取《と》らないといけない状況《じょうきょう》で人《ひと》と会《あ》うことも多《おお》いので、打《う》ち合《あ》わせの時《とき》は必《かなら》ず手元《てもと》に手帳《てちょう》を置《お》いています。1週間《しゅうかん》ごとにスケジュールを管理《かんり》できるタイプの手帳《てちょう》で、持《も》っていないと不安《ふあん》になるそうです。

▲名刺入《めいしい》れ&名刺《めいし》

礼儀正《れいぎただ》しく名刺交換《めいしこうかん》

プロデューサーは番組《ばんぐみ》の代表《だいひょう》として人《ひと》に会《あ》うことも多《おお》い仕事《しごと》です。その他《ほか》にもいろいろな人《ひと》と顔《かお》を合《あ》わせるので、名刺《めいし》をいつも持《も》ち歩《ある》いて挨拶《あいさつ》しています。名刺入《めいしい》れは相手《あいて》に失礼《しつれい》がないよう、きれいできちんとしたものを持《も》つよう心《こころ》がけています。

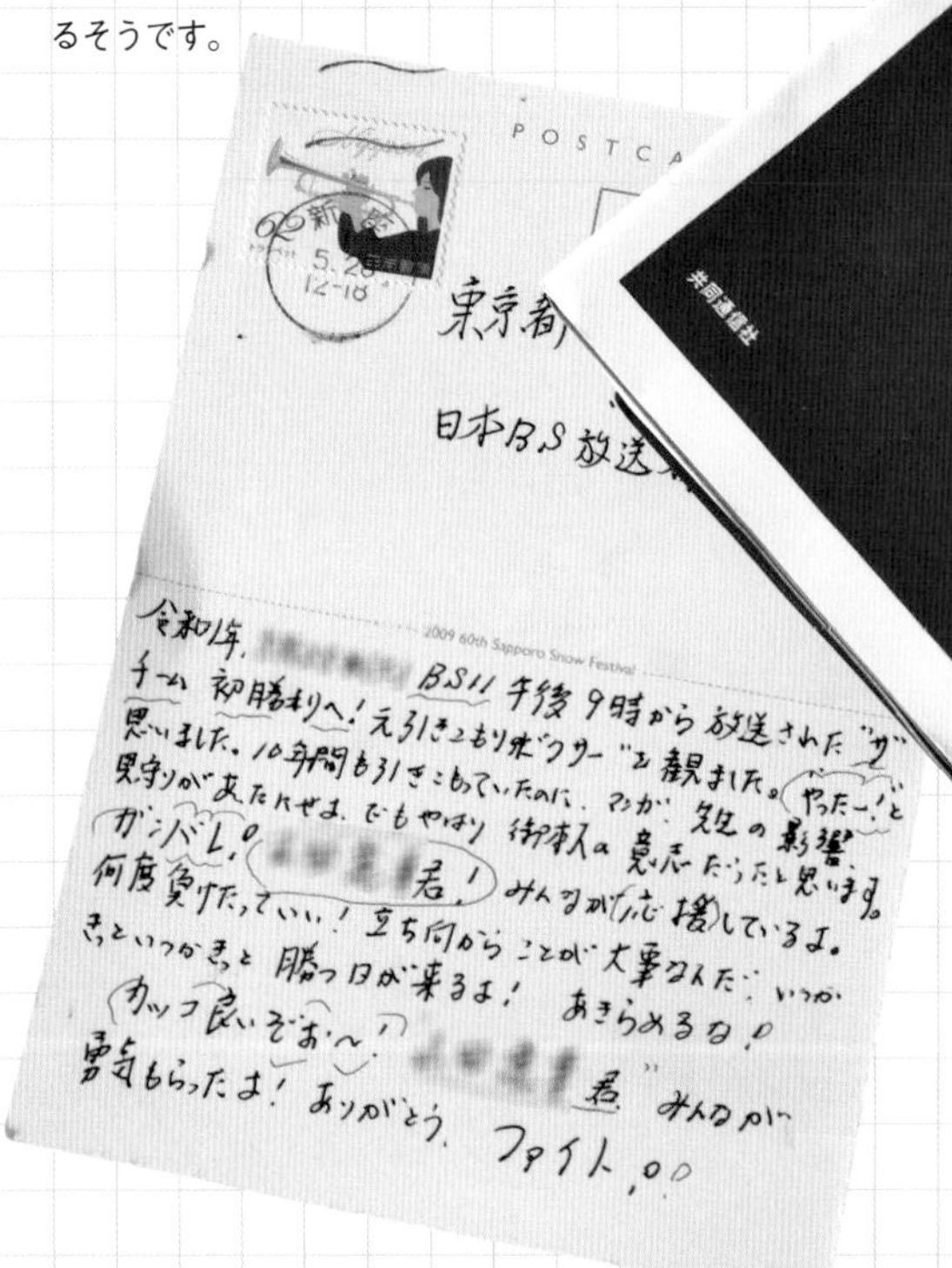

▶視聴者《しちょうしゃ》のハガキ

モチベーションを上《あ》げる一助《いちじょ》に

番組《ばんぐみ》に届《とど》いた視聴者《しちょうしゃ》の感想《かんそう》ハガキです。ホームページに寄《よ》せられる感想《かんそう》にもすべて目《め》を通《とお》していますが、形《かたち》になって残《のこ》るのがうれしく、処分《しょぶん》せずに机《つくえ》の中《なか》にずっと保管《ほかん》しています。ハガキをくれるのは年長《ねんちょう》の方《かた》が多《おお》く、好評《こうひょう》だと仕事《しごと》へ向《む》かう意欲《いよく》が湧《わ》いてきます。

▲記者《きしゃ》ハンドブック

正《ただ》しい日本語《にほんご》を使《つか》うために

日本語表記《にほんごひょうき》や用語《ようご》をまとめた新聞《しんぶん》記者向《きしゃむ》けのハンドブック。ラテ欄《らん》の文章作《ぶんしょうづく》りや台本《だいほん》チェックなどで使《つか》い、正《ただ》しい言葉《ことば》を使《つか》えているか、使《つか》っていい表現《ひょうげん》なのかを確認《かくにん》しています。

▼ストップウォッチ

秒単位《びょうたんい》で時間《じかん》を計測《けいそく》

小林《こばやし》さんは短《みじか》いVTRを自分《じぶん》で作《つく》ることもあります。そんなときはナレーションを読《よ》み上《あ》げながらストップウォッチで時間《じかん》を計《はか》り、ちょうどいい長《なが》さの映像《えいぞう》を作成《さくせい》。秒単《びょうたん》位《い》で構成《こうせい》されるテレビ番組《ばんぐみ》の映像《えいぞう》作《づく》りには欠《か》かせない道具《どうぐ》です。

▲電卓《でんたく》

ミスがないよう数字《すうじ》を管理《かんり》

番組《ばんぐみ》の予算計画作《よさんけいかくづく》りや管理《かんり》など、お金《かね》の計算《けいさん》もプロデューサーの大事《だいじ》な仕事《しごと》のひとつ。計算《けいさん》ミスがないよう、電卓《でんたく》を叩《たた》きながら数字《すうじ》を管理《かんり》します。

▶タンブラー

ホットコーヒーでリラックス

交渉《こうしょう》をしたり作業《さぎょう》のやり直《なお》しを頼《たの》んだりと、緊張感《きんちょうかん》のある仕事《しごと》も少《すく》なくありません。そうした仕事《しごと》の合間《あいま》には飲《の》み物《もの》でリラックスするよう心《こころ》がけていて、冬場《ふゆば》はタンブラーで温《あたた》かいコーヒーをよく飲《の》むそうです。

プロデューサーってどうしたらなれるの?

中学《ちゅうがく》 3年《ねん》　15歳《さい》

↓

高校《こうこう》 3年《ねん》　18歳《さい》

↓

大学《だいがく》 4年《ねん》　22歳《さい》

短大《たんだい》・専門学校《せんもんがっこう》 2年《ねん》　20歳《さい》

プロデューサーには番組制作《ばんぐみせいさく》の経験《けいけん》と実績《じっせき》が必要《ひつよう》です。テレビ局《きょく》へ就職《しゅうしょく》するには大学卒業程度《だいがくそつぎょうていど》の学歴《がくれき》が求《もと》められることがほとんど。
映像系《えいぞうけい》の専門学校《せんもんがっこう》で基礎知識《きそちしき》を学《まな》び、制作会社《せいさくがいしゃ》[*1]からキャリアをスタートさせる人《ひと》もいます。

↓

テレビ局《きょく》に就職《しゅうしょく》

制作会社《せいさくがいしゃ》に就職《しゅうしょく》

↓

AP

AD、ディレクター

就職後《しゅうしょくご》、制作《せいさく》・演出《えんしゅつ》よりも
統括《とうかつ》する仕事《しごと》に志向《しこう》・適性《てきせい》がある場合《ばあい》は
AP（アシスタント・プロデューサー）として、
プロデューサーの補助的《ほじょてき》な業務《ぎょうむ》につく人《ひと》もいます。

就職後《しゅうしょくご》は制作現場《せいさくげんば》でAD[*2]としてアシスタント的《てき》な業務《ぎょうむ》につき、
番組作《ばんぐみづく》りの知識《ちしき》を身《み》につけるのが一般的《いっぱんてき》。
経験《けいけん》を積《つ》むと仕事《しごと》の範囲《はんい》も広《ひろ》がっていき、
やがてディレクター[*3]の仕事《しごと》を任《まか》されるようになります。

↓

プロデューサー

ディレクターやAPとして実力《じつりょく》をつけ、充分《じゅうぶん》な実績《じっせき》を上《あ》げるとプロデューサーとして仕事《しごと》ができます。
それまでの経験《けいけん》や人脈《じんみゃく》を生《い》かし、責任者《せきにんしゃ》として番組作《ばんぐみづく》り全体《ぜんたい》に関《かか》わります。

＊1 制作会社《せいさくがいしゃ》

テレビ局《きょく》から依頼《いらい》を受《う》けて番組《ばんぐみ》を制作《せいさく》する会社《かいしゃ》です。ドラマ、報道《ほうどう》、ドキュメンタリーなど会社《かいしゃ》によって得意分野《とくいぶんや》は変《か》わり、作業《さぎょう》で関《かか》わる範囲《はんい》もさまざま。制作会社《せいさくがいしゃ》に所属《しょぞく》しているプロデューサーもいます。

＊2 AD

アシスタント・ディレクターの略称《りゃくしょう》で、ディレクターの補助的《ほじょてき》な役割《やくわり》を果《は》たす仕事《しごと》です。番組作《ばんぐみづく》りのあらゆる場面《ばめん》に関《かか》わるため、制《せい》作《さく》の流《なが》れや各《かく》スタッフの仕事内容《しごとないよう》など、さまざまな知識《ちしき》を身《み》につけられます。

＊3 ディレクター

ディレクターは番組《ばんぐみ》の演出《えんしゅつ》を統括《とうかつ》する立場《たちば》。企画作《きかくづく》り、演出《えんしゅつ》、編集《へんしゅう》など多《おお》くの作業《さぎょう》を行《おこな》い、ドラマでは演技指導《えんぎしどう》も行《おこな》います。多《おお》くのスタッフや出演者《しゅつえんしゃ》と関《かか》わるため、コミュニケーション能力《のうりょく》も求《もと》められます。

平均給与月額《へいきんきゅうよげつがく》

73万《まん》5,000円《えん》

推定平均年収《すいていへいきんねんしゅう》

882万円《まんえん》

お給料《きゅうりょう》っていくら?

左《ひだり》の数字《すうじ》は放送局社員《ほうそうきょくしゃいん》の平均年収《へいきんねんしゅう》。勤《つと》め先《さき》の規模《きぼ》によって給与《きゅうよ》は大《おお》きく変《か》わります。人気番組《にんきばんぐみ》を作《つく》るなど、仕事《しごと》で成果《せいか》を上《あ》げるとより大《おお》きな仕事《しごと》を任《まか》されるようになり、年収《ねんしゅう》も上《あ》がります。

平成《へいせい》30年度《ねんど》厚生労働省《こうせいろうどうしょう》「賃金構造基本統計調査《ちんぎんこうぞうきほんとうけいちょうさ》」より。

カメラマンってどんな仕事《しごと》？

ファーストショット
井《い》出《で》有《ゆ》理《り》江《え》さん

映像撮影《えいぞうさつえい》の専門家《せんもんか》

テレビの大《おお》きな特徴《とくちょう》のひとつに、映像《えいぞう》で視覚的《しかくてき》に物事《ものごと》を伝《つた》えることがあります。放送《ほうそう》される映像《えいぞう》にはたくさんの種《しゅ》類《るい》があり、使《つか》われる目的《もくてき》もさまざまです。ニュースでは事《じ》実《じつ》を正《ただ》しく伝《つた》え、バラエティではタレントの魅力《みりょく》を視聴者《しちょうしゃ》に届《とど》けるなど、番組《ばんぐみ》それぞれのジャンルにふさわしい映像《えいぞう》が求《もと》められています。

こうした映像《えいぞう》を撮影《さつえい》しているのがカメラマンです。撮影《さつえい》機材《きざい》の扱《あつか》いはもちろん、その現場《げんば》で必要《ひつよう》な映像《えいぞう》を読《よ》み取《と》る理解力《りかいりょく》、視聴者《しちょうしゃ》にわかりやすい形《かたち》で現実《げんじつ》を切《き》り取《と》る構成力《こうせいりょく》など、いくつものスキルを身《み》につけた映像《えいぞう》の専門家《せんもんか》です。

多《おお》くの人《ひと》が働《はたら》く現場《げんば》で

多《おお》くの場合《ばあい》、テレビ番組《ばんぐみ》の制作現場《せいさくげんば》で働《はたら》いているのはテレビ局員《きょくいん》だけではありません。番組《ばんぐみ》を完成《かんせい》させるには撮影《さつえい》、編集《へんしゅう》、美術《びじゅつ》、音声《おんせい》といった専《せん》門《もん》技術《ぎじゅつ》を持《も》ったスタッフによる集団作業《しゅうだんさぎょう》が必要《ひつよう》で、それぞれの業務《ぎょうむ》を外部《がいぶ》の制作会社《せいさくがいしゃ》・技術会社《ぎじゅつがいしゃ》に依頼《いらい》しています。カメラマンもそうした職種《しょくしゅ》のひとつ。テレビ局《きょく》の技術部《ぎじゅつぶ》や技術会社《ぎじゅつがいしゃ》に所属《しょぞく》したり、フリーランスで仕事《しごと》を頼《たの》まれたりと、仕事《しごと》のスタイルは人《ひと》によってさまざまです。

井出《いで》さんは技術会社《ぎじゅつがいしゃ》に所属《しょぞく》している経験豊富《けいけんほうふ》なカメラマン。ニュース、バラエティ番《ばん》組《ぐみ》、音楽番組《おんがくばんぐみ》といった多《おお》くの現場《げんば》で働《はたら》いています。

井《い》出《で》さんの一日《いちにち》

09:00 出勤《しゅっきん》・機材《きざい》準備《じゅんび》

10:00 街頭《がいとう》インタビュー撮影《さつえい》

11:00 帰社《きしゃ》

12:00 昼食《ちゅうしょく》

14:00 集合《しゅうごう》・カメラ調整《ちょうせい》

14:30 技術《ぎじゅつ》打《う》ち合《あ》わせ

14:45 位置《いち》決《ぎ》め

15:00 インサート撮影《さつえい》

15:30 リハーサル

16:00 番組収録《ばんぐみしゅうろく》

17:00 本番終了《ほんばんしゅうりょう》

17:30 片《かた》づけ

18:00 退勤《たいきん》

カメラマンの仕事《しごと》

09:00 出勤《しゅっきん》・機材準備《きざいじゅんび》

出勤時間《しゅっきんじかん》と出勤先《しゅっきんさき》は仕事《しごと》によって変《か》わります。この日《ひ》はBS11のニュース番組《ばんぐみ》の担当《たんとう》で、街頭《がいとう》インタビュー撮影《さつえい》のため9時《じ》にはテレビ局《きょく》に出勤《しゅっきん》。目立《めだ》たないよう、また反射《はんしゃ》した光《ひかり》が画面《がめん》に映《うつ》り込《こ》むのを避《さ》けるため、仕事中《しごとちゅう》は黒《くろ》い服《ふく》を身《み》につけるそうです。

撮影前《さつえいまえ》にはカメラの点検《てんけん》・調整《ちょうせい》が必要《ひつよう》です。インタビューに適《てき》したレンズに交換《こうかん》し、チャート（図表《ずひょう》）を映《うつ》してレンズのピントを調整《ちょうせい》します。撮影《さつえい》によって持《も》っていく機材《きざい》が変《か》わるため、録音《ろくおん》を担当《たんとう》するアシスタントと機材《きざい》をチェックして、撮影内容《さつえいないよう》も一緒《いっしょ》に確認《かくにん》。準備《じゅんび》が整《ととの》うといよいよ出発《しゅっぱつ》です。

10:00 街頭《がいとう》インタビュー撮影《さつえい》

ディレクター、アシスタントと3人《にん》で街頭《がいとう》インタビューを収録《しゅうろく》します。撮影《さつえい》に使《つか》うのは屋外《おくがい》ロケやライブ収録《しゅうろく》などの現場《げんば》でよく使《つか》われる、手軽《てがる》で移動《いどう》しやすいENGカメラ。それでも10kgほどの重《おも》さがあり、撮影中《さつえいちゅう》はずっと肩《かた》にかついで固定《こてい》します。

収録《しゅうろく》ではディレクターの指示《しじ》でインタビューの様子《ようす》を撮影《さつえい》します。視聴者《しちょうしゃ》に話《はなし》の内容《ないよう》がよく伝《つた》わるよう、画面《がめん》に映《うつ》るサイズを考《かんが》えながら話《はな》し手《て》をしっかり映《うつ》し、背景《はいけい》の映《うつ》り込《こ》みなど周《まわ》りにも気《き》を配《くば》ります。また、インタビューを受《う》ける人《ひと》が緊張《きんちょう》しない雰囲気《ふんいき》を作《つく》るため、必要《ひつよう》があれば声《こえ》をかけたりもするそうです。

11:00 帰社《きしゃ》

インタビューを終《お》えるとテレビ局《きょく》に戻《もど》り、映像《えいぞう》・音声《おんせい》がちゃんと収録《しゅうろく》できているかを再生《さいせい》してチェックします。問《もん》題《だい》がなければディレクターにテープを渡《わた》し、映像《えいぞう》は編集《へんしゅう》スタッフの手《て》で加工《かこう》されます。

外《そと》で収録《しゅうろく》をするとカメラに汚《よご》れやほこりがつくこともあるので、ていねいに手入《てい》れをして元《もと》の状態《じょうたい》に戻《もど》してから片《かた》づけます。

12:00 昼食《ちゅうしょく》

午後《ごご》の仕事《しごと》に備《そな》えてごはんを食《た》べます。井出《いで》さんはスタッフ間《かん》のコミュニケーションも大事《だいじ》にしていて、この日《ひ》は局内《きょくない》の打《う》ち合《あ》わせスペースで仕事仲間《しごとなかま》と一緒《いっしょ》に食事《しょくじ》を取《と》りました。

14:00 集合《しゅうごう》・カメラ調整《ちょうせい》

技術《ぎじゅつ》スタッフの集合時間《しゅうごうじかん》は14時《じ》。スタジオで使《つか》うのは、映像《えいぞう》・音声《おんせい》を副調整室《ふくちょうせいしつ》に送《おく》るケーブルが接続《せつぞく》された大型《おおがた》のスタジオ用《よう》カメラです。収録《しゅうろく》ごとにVEやアシスタントが調整《ちょうせい》をするので、カメラマンも一緒《いっしょ》に作業《さぎょう》を行《おこな》います。収《しゅう》録《ろく》に使《つか》う3台《だい》のカメラの電源《でんげん》を入《い》れて機材《きざい》を立《た》ち上《あ》げ、チャートを映《うつ》して色調《しきちょう》を調整《ちょうせい》します。

14:30 技術《ぎじゅつ》打《う》ち合《あ》わせ

技術《ぎじゅつ》打《う》ち合《あ》わせはディレクターと番組《ばんぐみ》の技術《ぎじゅつ》スタッフによる打《う》ち合《あ》わせで、カメラマンの他《ほか》に音声《おんせい》や映像編集《えいぞうへんしゅう》、照《しょう》明《めい》などの担当者《たんとうしゃ》が参加《さんか》します。番組《ばんぐみ》の流《なが》れに沿《そ》ってその日《ひ》の内容《ないよう》や出演者《しゅつえんしゃ》の人数《にんずう》、フリップを使《つか》うタイミングなどが伝《つた》えられるので、全員《ぜんいん》が台本《だいほん》を見《み》ながら確認《かくにん》。技術的《ぎじゅつてき》に問題《もんだい》があればそれぞれのスタッフが意見《いけん》を出《だ》します。

打《う》ち合《あ》わせの後《あと》はスイッチャー、カメラマンなど撮影《さつえい》に関《かか》わるスタッフが集《あつ》まり、打《う》ち合《あ》わせ内容《ないよう》を実現《じつげん》するために細《こま》かい部分《ぶぶん》の対応《たいおう》を話《はな》し合《あ》います。

14:45

位置《い》置《ち》決《ぎ》め

出演者《しゅつえんしゃ》の代《か》わりにＡＤに着席《ちゃくせき》してもらい、映像《えいぞう》のバランスや画面《がめん》の切《き》り替《か》えを考《かんが》え、本番中《ほんばんちゅう》のカメラ位置《いち》、フリップの置《お》き場所《ばしょ》などを決《き》めていきます。この位置決《いちぎ》めはフロアディレクターやＡＤと一緒《いっしょ》に行《おこな》いますが、必要《ひつよう》があれば照明《しょうめい》、美術《びじゅつ》といった他《ほか》のスタッフにも参加《さんか》してもらいます。

15:00

インサート撮影《さつえい》

インサートはその名《な》の通《とお》り番組中《ばんぐみちゅう》に挿入《そうにゅう》される映像《えいぞう》のこと。新聞記事《しんぶんきじ》やアイテム紹介《しょうかい》で使《つか》う静止映像《せいしえいぞう》をあらかじめ撮《と》っておき、映像《えいぞう》を切《き》り替《か》えるタイミングで挿入《そうにゅう》する手法《しゅほう》で、収録《しゅうろく》に使《つか》うカメラの台数《だいすう》を減《へ》らせるメリットがあります。この日《ひ》も副調整室《ふくちょうせいしつ》と位置《いち》などを確認《かくにん》しながらインサート映像《えいぞう》を撮影《さつえい》しました。

15:30

リハーサル

ＭＣ（司会者《しかいしゃ》）がスタジオに入《はい》ってリハーサルを行《おこな》います。カメラマンも本番《ほんばん》と同《おな》じようにカメラを動《うご》かしながら、撮影《さつえい》しにくいところはないか、人《ひと》の動《うご》きが画面《がめん》の妨《さまた》げになっていないかをチェック。気《き》になる部分《ぶぶん》があればカメラマンとしての意見《いけん》をディレクターに伝《つた》えて、それに合《あ》わせて画面《がめん》の作《つく》り方《かた》を変《か》えることもあるそうです。

16:00

番組収録《ばんぐみしゅうろく》

この収録現場《しゅうろくげんば》では３台《だい》のカメラが撮影《さつえい》する映像《えいぞう》を切《き》り替《か》えながら番組《ばんぐみ》を作《つく》り上《あ》げています。１台《だい》がアップになったら他《ほか》の１台《だい》は引《ひ》くといったような基本的《きほんてき》なカメラの動《うご》きは決《き》まっていますが、３人《にん》のチームワークがとても大切《たいせつ》です。他《ほか》の人《ひと》がどんな映像《えいぞう》を撮《と》っているかも意識《いしき》しながらカメラを動《うご》かし、すべてのカメラの映像《えいぞう》が生《い》きるように的確《てきかく》にニュースを捉《とら》えていきます。

本番中《ほんばんちゅう》は出演者《しゅつえんしゃ》がフリップの置《お》き場所《ばしょ》を間違《まちが》えるなど、予想外《よそうがい》のことが起《お》きる場合《ばあい》もあります。そんな時《とき》はカメラの位置《いち》をすぐに変《か》えたり、ＡＤにカンニングペーパー（カンペ）を出《だ》してもらったりしてフォロー。スタッフ全員《ぜんいん》が息《いき》を合《あ》わせて番組《ばんぐみ》を作《つく》り上《あ》げています。

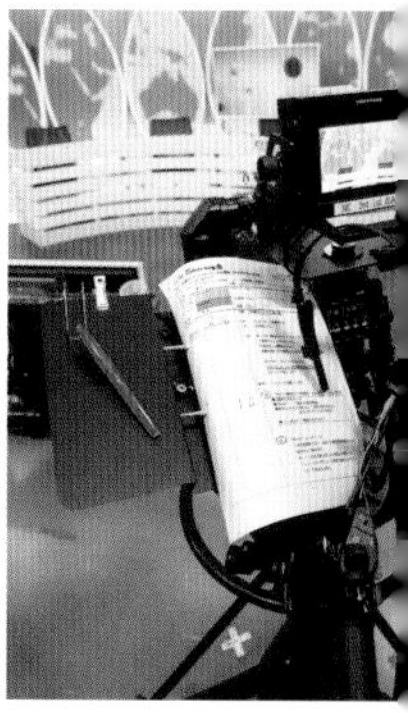

17:00

本番終了《ほんばんしゅうりょう》

この日《ひ》は大《おお》きなトラブルもなく無事本番《ぶじほんばん》が終《お》わりました。この後《あと》もゲストの話《はなし》に合《あ》わせて追加《ついか》のインサートを撮《と》ったり、ニュースの数値《すうち》が変《か》わった部分《ぶぶん》だけを撮《と》り直《なお》したりと、必要《ひつよう》な映像《えいぞう》を撮影《さつえい》することもあります。

そうした撮影《さつえい》がすべて終《お》わるとインカムなどの機材《きざい》をしまい、カメラをロックしてカバーをかけます。次《つぎ》の人《ひと》が気《き》持《も》ちよく使《つか》えるようにスタジオ内《ない》を片《かた》づければ、この現場《げんば》での作業《さぎょう》は終《お》わり。他《ほか》のスタッフに声《こえ》をかけて帰宅《きたく》します。

時《とき》にはこんな仕事《しごと》も

スイッチャー

カメラマンの経験《けいけん》を生《い》かして映像《えいぞう》を切《き》り替《か》える

井出《いで》さんは現場《げんば》でカメラを操作《そうさ》するだけでなく、ときには副調整室《ふくちょうせいしつ》に入《はい》ってスイッチャーを担当《たんとう》することもあります。スイッチャーのおもな作業《さぎょう》はメインとなる映像《えいぞう》を選《えら》ぶため、スタジオや中継現場《ちゅうけいげんば》にある複数《ふくすう》のカメラを切《き》り替《か》えること。番組《ばんぐみ》の映像《えいぞう》を決定《けってい》づける大事《だいじ》な役割《やくわり》で、カメラマンの経験《けいけん》が求《もと》められる仕事《しごと》です。スイッチャーは多《おお》くの現場《げんば》で照明《しょうめい》、音声《おんせい》といった技《ぎ》術《じゅつ》スタッフを統括《とうかつ》するテクニカル・ディレクター（TD）を兼任《けんにん》しています。

この作業《さぎょう》をする時《とき》はスイッチャー卓《たく》につき、モニターに映《うつ》るすべてのカメラ映像《えいぞう》を確《かく》認《にん》しながら切《き》り替《か》えを行《おこな》います。隣《となり》には番組《ばんぐみ》ディレクターが座《すわ》っていて、ポイントになる大事《だいじ》な部分《ぶぶん》では指示《しじ》を出《だ》してくれますが、常《つね》に指示《しじ》を受《う》けているわけではありません。どのカメラを使《つか》えば視聴者《しちょうしゃ》により伝《つた》わりやすく、面白《おもしろ》い内《ない》容《よう》になるかをその場《ば》で判断《はんだん》し、次々《つぎつぎ》と必要《ひつよう》な画面《がめん》に切《き》り替《か》えていきます。必要《ひつよう》に応《おう》じてカメラマンに指示《しじ》を出《だ》したりもしながら、みずからの知識《ちしき》と経験《けいけん》を生《い》かして番組《ばんぐみ》の流《なが》れを作《つく》り上《あ》げています。

Q&A

井出《いで》さんに聞《き》いてみよう!

Q なぜカメラマンになろうと思《おも》ったのですか?

A 子《こ》どもの頃《ころ》からこの世界《せかい》に興味《きょうみ》がありました。小学《しょうがく》生《せい》の頃《ころ》はリポーターの真似《まね》をして遊《あそ》んでいたし、学《がっ》校《こう》でも放送委員《ほうそういいん》をやっていたんです。当時《とうじ》からテレビの仕《し》事《ごと》をやりたくて、当時《とうじ》は記者《きしゃ》か天気予報《てんきよほう》のお姉《ねえ》さんになりたいと思《おも》っていました。今《いま》にして思《おも》うと、カメラマンというよりはテレビ業界《ぎょうかい》への興味《きょうみ》ですね。中学校《ちゅうがっこう》の卒業文集《そつぎょうぶんしゅう》では10年後《ねんご》の自分《じぶん》が何《なに》をしているか書《か》く欄《らん》があって、そこにも「絶対《ぜったい》にテレビの仕事《しごと》をする」と書《か》いていたんです。

高校生《こうこうせい》になって進路《しんろ》を決《き》める時期《じき》になるまで思《おも》いは同《おな》じで、上京《じょうきょう》して放送系《ほうそうけい》の専門学校《せんもんがっこう》に進《すす》みました。学校《がっこう》には制《せい》作《さく》や音響《おんきょう》といったコースがいくつもあって、その中《なか》から自《じ》分《ぶん》の進《すす》みたい分野《ぶんや》を選《えら》べたんです。そこで何《なに》を勉強《べんきょう》しようか考《かんが》えて資料《しりょう》を見《み》たら、カメラマンが一番《いちばん》かっこよく見《み》えたんですね。大《おお》きなカメラを操作《そうさ》して映像《えいぞう》を捉《とら》える姿《すがた》はテレビの中《なか》でも花形《はながた》の仕事《しごと》に思《おも》えました。それでカメラマンのコースに進《すす》んで2年間勉強《ねんかんべんきょう》し、技術会社《ぎじゅつがいしゃ》に就職《しゅうしょく》してアシスタントから今《いま》の仕事《しごと》をスタートさせたんです。

Q 小学生《しょうがくせい》・中学生《ちゅうがくせい》の頃《ころ》の得意科目《とくいかもく》や好《す》きだったことは何《なん》ですか?

A 体育《たいいく》、音楽《おんがく》、国語《こくご》が好《す》きでした。机《つくえ》に向《む》かって勉強《べんきょう》するより、体《からだ》や感覚《かんかく》を使《つか》う方《ほう》が好きなタイプなんです。体育《たいいく》も好《す》きだったし、部活《ぶかつ》ではバレーボールもやっていて、仕事《しごと》に必要《ひつよう》な体力《たいりょく》やチームプレーのやり方《かた》を身《み》につけることができました。カメラマンは体力《たいりょく》があった方《ほう》がいい仕事《しごと》で、若《わか》い頃《ころ》はカメラを動《うご》かす筋力《きんりょく》をつけるためにトレーニングをしていた時期《じき》もあるほどです。

音楽《おんがく》は映像《えいぞう》と結《むす》びつく部分《ぶぶん》も大《おお》きいですよね。音楽番組《おんがくばんぐみ》やライブの撮影《さつえい》といった仕事《しごと》をすることもありますし、楽《がく》譜《ふ》を読《よ》めると曲《きょく》の構成《こうせい》がわかるから、だいぶ役《やく》に立《た》った気《き》がします。

国語《こくご》はテストを解《と》くよりも作文《さくぶん》が好《す》きで、賞《しょう》をもらったこともあります。むしろそれが理由《りゆう》で好《す》きになったのかもしれません。表現《ひょうげん》することの面白《おもしろ》さに触《ふ》れたはじめての機《き》会《かい》だったのかもしれません。

あまり意識《いしき》したことはなかったのですが、考《かんが》えてみると少《すこ》しずつ今《いま》の仕事《しごと》につながっているように思《おも》えますね。

Q この仕事《しごと》の魅力《みりょく》、やりがいを教《おし》えてください。

A 楽《たの》しいことはたくさんあります。自分《じぶん》の撮《と》った映像《えいぞう》が放送《ほうそう》されるのは楽《たの》しいですし、ドラマや音楽《おんがく》なら作品《さくひん》として後々《あとあと》まで残《のこ》るのもいいところですね。大変《たいへん》なこともたくさんありましたが、やっぱりテレビを好《す》きだから続《つづ》けられたのだと思《おも》います。

ただ、自分《じぶん》の仕事《しごと》が放送《ほうそう》されたからうれしいというだけの話《はなし》ではありません。私《わたし》たちの役割《やくわり》は視覚《しかく》で物事《ものごと》を伝《つた》えることなので、画面《がめん》ひとつひとつに意味《いみ》を持《も》たせて映像《えいぞう》を切《き》り取《と》っています。それにテレビは映《うつ》っている人《ひと》が主役《しゅやく》で、カメラの役割《やくわり》は出演者《しゅつえんしゃ》の魅力《みりょく》やメッセージを伝《つた》えること。技術《ぎじゅつ》ひとつで伝《つた》わるか伝《つた》わらないかが大《おお》きく変《か》わるんです。さらにディレクターによっても番組《ばんぐみ》で見《み》せたいものが変《か》わるから、毎回違《まいかいちが》う条件《じょうけん》で撮影《さつえい》しています。そういう意味《いみ》では100点満点《てんまんてん》の正解《せいかい》がない世界《せかい》で、自分《じぶん》でもなかなか満足《まんぞく》することはありません。それだけにすべてのピースがはまって、いい映像《えいぞう》ができたり、その結果《けっか》として周《まわ》りの人《ひと》にほめられたりすると、本当《ほんとう》にうれしいですね。

Q 子《こ》どもの頃《ころ》にもっとしておけばよかったと思《おも》うことは?

A まずは勉強《べんきょう》をしておけばよかったと思《おも》います。カメラマンの勤《つと》め先《さき》はいろいろあって、テレビ局《きょく》の社員《しゃいん》もいればフリーランスの人《ひと》もいます。別《べつ》に自分《じぶん》のキャリアを後悔《こうかい》しているわけではありませんが、たとえば大学《だいがく》に行《い》ってもっと勉強《べんきょう》しておけば視野《しや》が広《ひろ》がったし、働《はたら》き方《かた》の選択肢《せんたくし》も多《おお》かったと思《おも》うんです。なので、もう一度《いちど》戻《もど》れるなら必死《ひっし》で勉強《べんきょう》するのにな、と考《かんが》えることがあります。

それともうひとつ、映像作《えいぞうづく》りに触《ふ》れておきたかったと思《おも》うんです。今《いま》はスマートフォンが普及《ふきゅう》していて誰《だれ》でも動画《どうが》を撮《と》れるし、パソコンが一台《いちだい》あれば編集《へんしゅう》もできます。でも、私《わたし》が子《こ》どもの頃《ころ》は携帯電話《けいたいでんわ》も普及《ふきゅう》していなくて、手軽《てがる》に撮《と》れるようなことはできませんでした。最近《さいきん》は動画《どうが》サイトを見《み》ても、私《わたし》たちにはない新鮮《しんせん》な発想《はっそう》で撮《と》られている映像《えいぞう》があったりして、みんな自由《じゆう》に遊《あそ》んでいて面白《おもしろ》いんですよ。私《わたし》もそんな環境《かんきょう》があったらやっていたと思《おも》うし、身近《みぢか》に触《ふ》れられるから楽《たの》しいですよね。そこから興味《きょうみ》や発想《はっそう》も広《ひろ》がっていったでしょうし、今《いま》はいい時代《じだい》だなと思《おも》いますね。

Q 子《こ》どもの頃《ころ》に得意《とくい》だったことで、今役《いまやく》に立《た》っていることはありますか?

A 学校《がっこう》の合唱《がっしょう》コンクールや文化祭《ぶんかさい》など、みんなでものを作《つく》るイベントが好《す》きでした。文化祭《ぶんかさい》の実行委員《じっこういいん》をやったこともあります。ああいうイベントは準備《じゅんび》から本番《ほんばん》までにいろいろな出来事《できごと》がありますよね。たとえば文化祭《ぶんかさい》なら準備段階《じゅんびだんかい》で意見《いけん》が対立《たいりつ》したり、合唱《がっしょう》ではちゃんと歌《うた》わない人《ひと》がいたりします。そこでどうやったら問題《もんだい》を解決《かいけつ》できるか考《かんが》えて、みんなで本番《ほんばん》に向《む》かっていきます。そういう体験《たいけん》から、仕事《しごと》にも役立《やくだ》つチームワークのようなものが身《み》についた気《き》がするんです。

それに、最後《さいご》はやっぱり感動《かんどう》するじゃないですか。練習《れんしゅう》で全然《ぜんぜん》歌《うた》ってくれなかった子《こ》が本番《ほんばん》ですごく頑張《がんば》って声《こえ》を出《だ》してくれて、金賞《きんしょう》を取《と》ったことがあるんですよ。本番《ほんばん》にたどり着《つ》くまではケンカもしたけれど、その姿《すがた》を見《み》たときは背筋《せすじ》に電流《でんりゅう》が走《はし》る気《き》がしました。終《お》わった後《あと》はみんなでひとつのものを作《つく》り上《あ》げたという達成感《たっせいかん》があって、今《いま》でも印象《いんしょう》に残《のこ》る体験《たいけん》です。その面白《おもしろ》さが忘《わす》れられなくて、テレビの現場《げんば》で仕事《しごと》をしているのかもしれません。

Q どんな人《ひと》がカメラマンに向《む》いていると思《おも》いますか?

A 私《わたし》がすごいなと思《おも》うカメラマンはいろんなことに興味《きょうみ》を持《も》っています。絵《え》の展覧会《てんらんかい》や映画《えいが》にも行《い》くし、世《よ》の中《なか》で起《お》きていることをたくさん知《し》っているんです。そういう好奇心《こうきしん》の強《つよ》い人《ひと》に向《む》いている世界《せかい》なんだと思《おも》いますね。いろいろなものを見《み》ておけば感受性《かんじゅせい》も広《ひろ》がるし、頭《あたま》の中《なか》に引《ひ》き出《だ》しを作《つく》ることもできるんです。ひとつのものを撮《と》るにしてもいろいろな方法《ほうほう》があって、引《ひ》き出《だ》しがないとワンパターンで単調《たんちょう》な画面《がめん》しか作《つく》れなかったりもするので、そうした蓄積《ちくせき》は大事《だいじ》ですね。

あとは仕事《しごと》を好《す》きなことも大《おお》きいです。どの職業《しょくぎょう》も同《おな》じですが、好《す》きだからこそ頑張《がんば》れる部分《ぶぶん》もあると思《おも》うんです。それに、みんな最初《さいしょ》はちょっとした興味《きょうみ》から始《はじ》まっているんですよ。アイドルが好《す》きでも、芸能人《げいのうじん》と同《おな》じ現場《げんば》で仕事《しごと》をしたいという動機《どうき》でもいいと思《おも》うんです。そこからいろいろなものに興味《きょうみ》を持《も》ち、いろいろな体験《たいけん》をしながら仕事《しごと》につながっていけばいいと思《おも》うので、カメラマンに興味《きょうみ》があるならなんでも試《ため》してみてほしいですね。

Q 仕事《しごと》をする上《うえ》で自分《じぶん》なりに工夫《くふう》していることはありますか?

A 嫌《きら》いなものを作《つく》らないようにしています。私《わたし》たちの仕事《しごと》では何《なん》の知識《ちしき》がいつ役《やく》に立《た》つかわかりません。たとえば報道《ほうどう》なら、政治家《せいじか》の顔《かお》を知《し》らなければ、スタジオ内《ない》で選挙《せんきょ》の結果《けっか》が出《で》たときに顔写真《かおじゃしん》のフリップを映《うつ》せませんよね。アイドルなら誰《たれ》が人気《にんき》か知《し》らないといけないし、スポーツはルールと選手《せんしゅ》の役割《やくわり》を知《し》らなければいい映像《えいぞう》は撮《と》れません。もちろん苦手《にがて》な分野《ぶんや》はありますが、だからといって最初《さいしょ》から毛嫌《けぎら》いせず、どんなことにも興味《きょうみ》を持《も》って知識《ちしき》を入《い》れるようにしているんです。

それがわかっていない頃《ころ》は大事《だいじ》な場面《ばめん》を撮《と》り逃《のが》す失敗《しっぱい》もしました。それで落《お》ち込《こ》んでいたら、尊敬《そんけい》する先輩《せんぱい》に「電車《でんしゃ》では上《うえ》を見《み》ろ」と言《い》われたんです。電車《でんしゃ》の中吊《なかづ》りには世《よ》の中《なか》のことがたくさん書《か》かれているから、カメラマンはそういう情報《じょうほう》を常《つね》に入《い》れておかなければいけないという話《はなし》をしてくれました。それからは自分《じぶん》でも意識《いしき》して情報《じょうほう》を集《あつ》めるようになって、たとえ広《ひろ》く浅《あさ》くでもいいから知《し》っておくよう心《こころ》がけています。

スタジオ

照明《しょうめい》

光《ひかり》で番組《ばんぐみ》を演出《えんしゅつ》する

セット内《ない》を照《て》らすライトは照明《しょうめい》スタッフが設置《せっち》したもの。出演者《しゅつえんしゃ》の人数《にんずう》や位置《いち》、明《あか》るさを考《かんが》えて番組《ばんぐみ》ごとに台数《だいすう》・角度《かくど》を変《か》えていて、副調整室《ふくちょうせいしつ》から明《あか》るさを調節《ちょうせつ》できるようになっています。

箱馬《はこうま》

休憩時《きゅうけいじ》は椅子《いす》代《が》わりにも

高《たか》いところから撮影《さつえい》するとき踏《ふ》み台《だい》にしたり、アイテムを接写《せっしゃ》する際《さい》に置《お》き場所《ばしょ》にしたりと、いろいろな用途《ようと》に使《つか》っている木製《もくせい》の箱《はこ》。使《つか》い道《みち》に合《あ》わせて立《た》てたり倒《たお》したりします。

テレビカメラ

撮影《さつえい》では3台《だい》が連携《れんけい》

スタジオの収録《しゅうろく》では複数《ふくすう》のカメラを使《つか》うことが一般的《いっぱんてき》で、ここでは3台《だい》を用意《ようい》しています。カメラにインカムをつなぐと副調整《ふくちょうせい》室《しつ》と通信《つうしん》できる機能《きのう》があり、台本《だいほん》を置《お》ける台《だい》も備《そな》えつけられています。

タイムカンペ

残《のこ》り時間《じかん》をしっかり表示《ひょうじ》!

出演者《しゅつえんしゃ》に残《のこ》り時間《じかん》を知《し》らせるためカンニングペーパー（カンペ）はADが使《つか》う道具《どうぐ》。時間《じかん》は一目《ひとめ》でわかる大《おお》きな字《じ》で書《か》かれているため、出演者《しゅつえんしゃ》は視線《しせん》を変《か》えずに進行《しんこう》を続《つづ》けられます。

カメラ置《お》き場《ば》

高性能《こうせいのう》な放送用《ほうそうよう》カメラ

並《なら》んでいるのはロケ撮影《さつえい》に使《つか》うためのENGカメラ。テープやディスクを入《い》れて録画《ろくが》します。各《かく》カメラマンが、必要《ひつよう》に応《おう》じてここからカメラを持《も》ち出《だ》して取材先《しゅざいさき》に向《む》かいます。

機材棚《きざいだな》

撮影《さつえい》に必要《ひつよう》な道具《どうぐ》の数々《かずかず》

モニター、カメラケース、レンズアクセサリーなどの撮影機材《さつえいきざい》が並《なら》んでいます。上《うえ》の毛布《もうふ》は撮影先《さつえいさき》の床《ゆか》を傷《いた》めたり汚《よご》したりしないように敷《し》き、その上《うえ》に三脚《さんきゃく》などの機材《きざい》を置《お》きます。

ヘルメット

安全管理《あんぜんかんり》にも気《き》を配《くば》る

生放送中《なまほうそうちゅう》に地震《じしん》が起《お》きた場合《ばあい》も放送《ほうそう》は続《つづ》きます。一定以上《いっていいじょう》の震度《しんど》になるとスタジオ内《ない》の全員《ぜんいん》がヘルメットを身《み》につけるルールがあり、人数分《にんずうぶん》のヘルメットがいつも用意《ようい》されています。

作業台《さぎょうだい》

機材《きざい》チェックや整備作業《せいびさぎょう》に

取材前《しゅざいまえ》の準備《じゅんび》や帰社後《きしゃご》の整備《せいび》、ケーブルの接続《せつぞく》といったいろいろな作業《さぎょう》に使《つか》っているテーブルです。上《うえ》にはエアダスターやレンズクリーナーなど、よく使《つか》う作業道具《さぎょうどうぐ》を揃《そろ》えています。

カメラマンの仕事場《しごとば》

井出《いで》さんがこの日仕事《ひしごと》をしたBS11のニューススタジオと毎日映画社《まいにちえいがしゃ》の機材庫《きざいこ》。
街《まち》に出《で》たりスタジオ内《ない》で撮影《さつえい》したりと、いろいろな場所《ばしょ》で映像《えいぞう》を捉《とら》えます。

井《い》出《で》さんこだわりの7つ道具《どうぐ》

いい映像《えいぞう》を撮《と》るためには
撮影前《さつえいまえ》から入念《にゅうねん》な準備《じゅんび》が欠《か》かせません。
ロケでの移動《いどう》も多《おお》いため、
小《ち》さくても機能的《きのうてき》な道具《どうぐ》をそろえています。

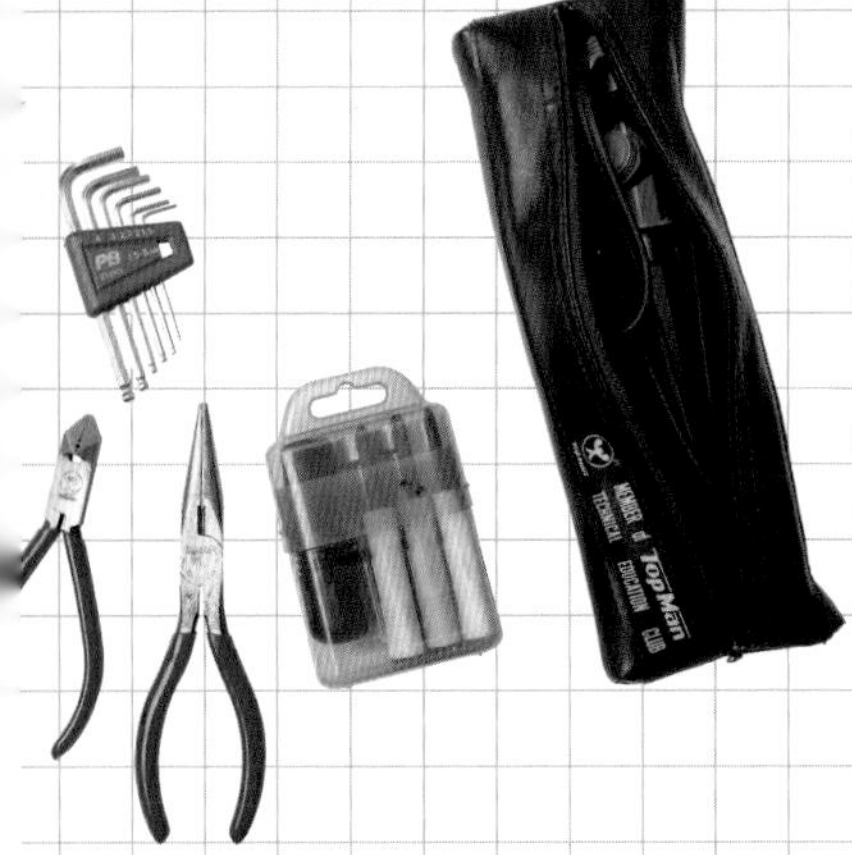

◀工具《こうぐ》セット

細《こま》かい手作業《てさぎょう》をするために

収録現場《しゅうろくげんば》に持《も》っていく工具《こうぐ》の数々《かずかず》。左上《ひだりうえ》の六角《ろっかく》レンチと中央《ちゅうおう》のドライバーは、三脚《さんきゃく》などねじのついた機材《きざい》の固定《こてい》に使《つか》います。左《ひだり》のニッパーは、現場《げんば》に合《あ》わせた長《なが》さにケーブルを切《き》るときに使《つか》うもの。右《みぎ》は断線《だんせん》したケーブルをつなぐためのハンダごてです。その時々《ときどき》で必要《ひつよう》なものを持《も》ち歩《ある》いています。

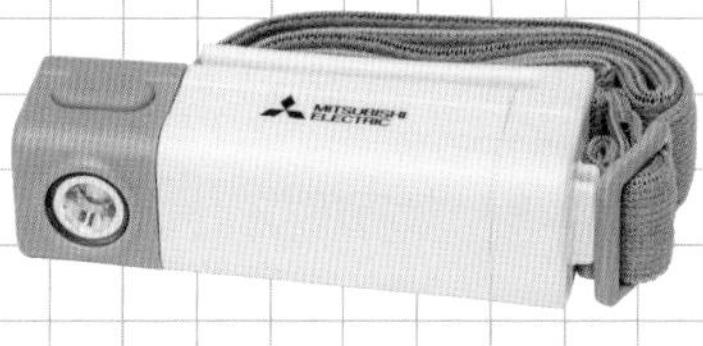

▲小型《こがた》ライト

暗《くら》い中《なか》でも手元《てもと》を照《て》らす

スタジオやライブ会場《かいじょう》では暗《くら》い場所《ばしょ》もあるので、機材《きざい》やケーブルの設置《せっち》には灯《あか》りが必要《ひつよう》です。準備《じゅんび》では両手《りょうて》が使《つか》えるように頭《あたま》につけられるヘッドライトを必《かなら》ず用意《ようい》します。

▼ペン

本番《ほんばん》への準備《じゅんび》に使《つか》う2本《ほん》

ペンは黒《くろ》、赤《あか》の2色《しょく》をいつも持《も》ち歩《ある》いています。黒《くろ》ペンはケーブルをつなぐテープに番号《ばんごう》を振《ふ》ったりして現場《げんば》での準備《じゅんび》に使用《しよう》。台本《だいほん》への書《か》き込《こ》みは一目《ひとめ》でわかる赤《あか》ペンを使《つか》っています。

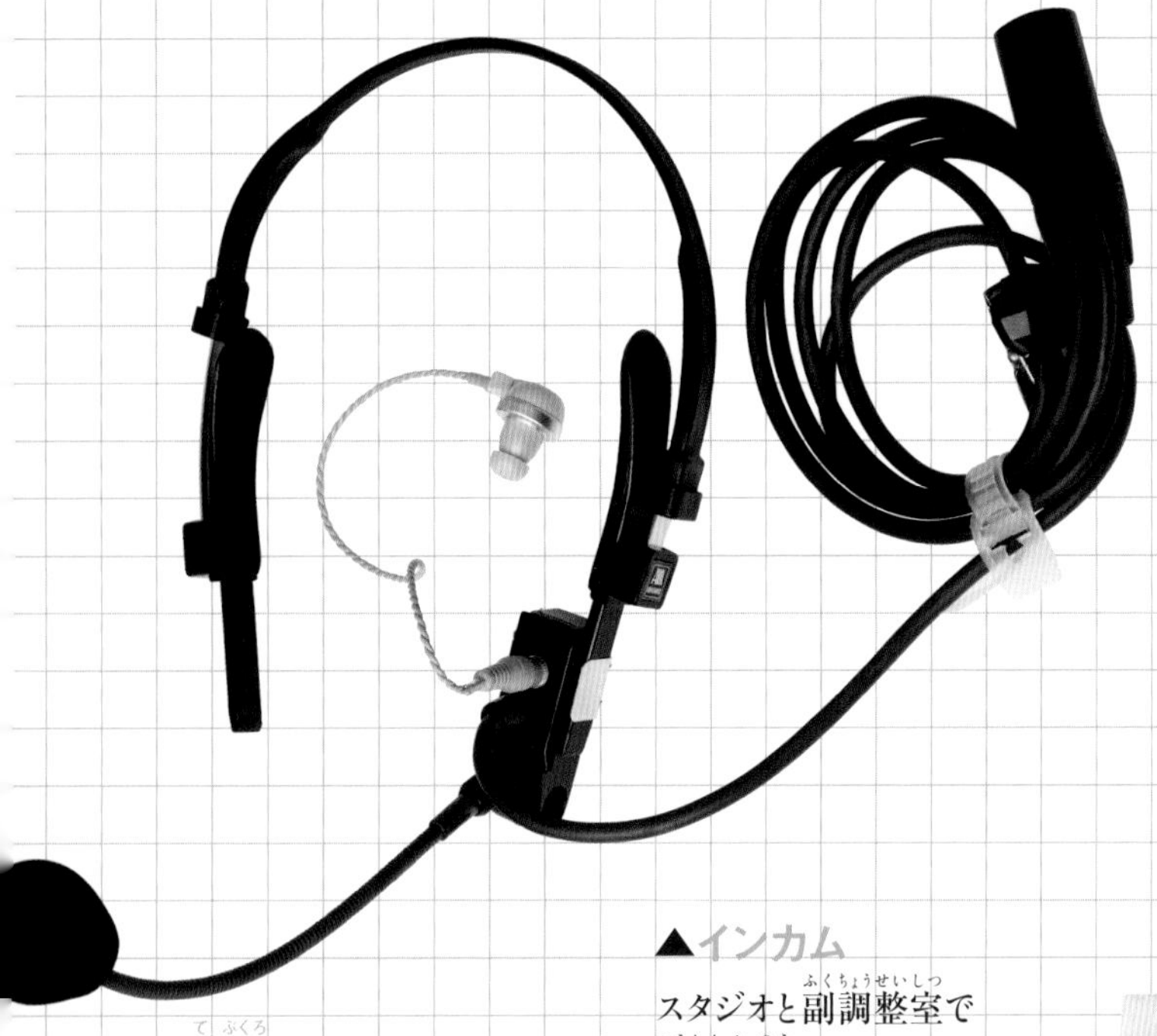

▲インカム

スタジオと副調整室《ふくちょうせいしつ》で通信可能《つうしんかのう》

インカムはスタジオやライブの収録《しゅうろく》で使《つか》う道具《どうぐ》で、準備段階《じゅんびだんかい》から本番《ほんばん》まで装着《そうちゃく》しています。両手《りょうて》を空《あ》けたまま副調整室《ふくちょうせいしつ》と通信《つうしん》でき、ディレクターやスイッチャーからの指示《しじ》を受《う》けられるようになっています。

▼手袋《てぶくろ》

自分《じぶん》の体《からだ》と機材《きざい》を守《まも》る

ロケで機材《きざい》を運《はこ》んだり、イベント現場《げんば》でケーブルを設置《せっち》したりするときは、手《て》を守《まも》るために手袋《てぶくろ》を着用《ちゃくよう》。高価《こうか》な機材《きざい》を落《お》としたりしないよう、手《て》のひら側《がわ》には滑《すべ》り止《ど》めのゴムが張《は》られています。

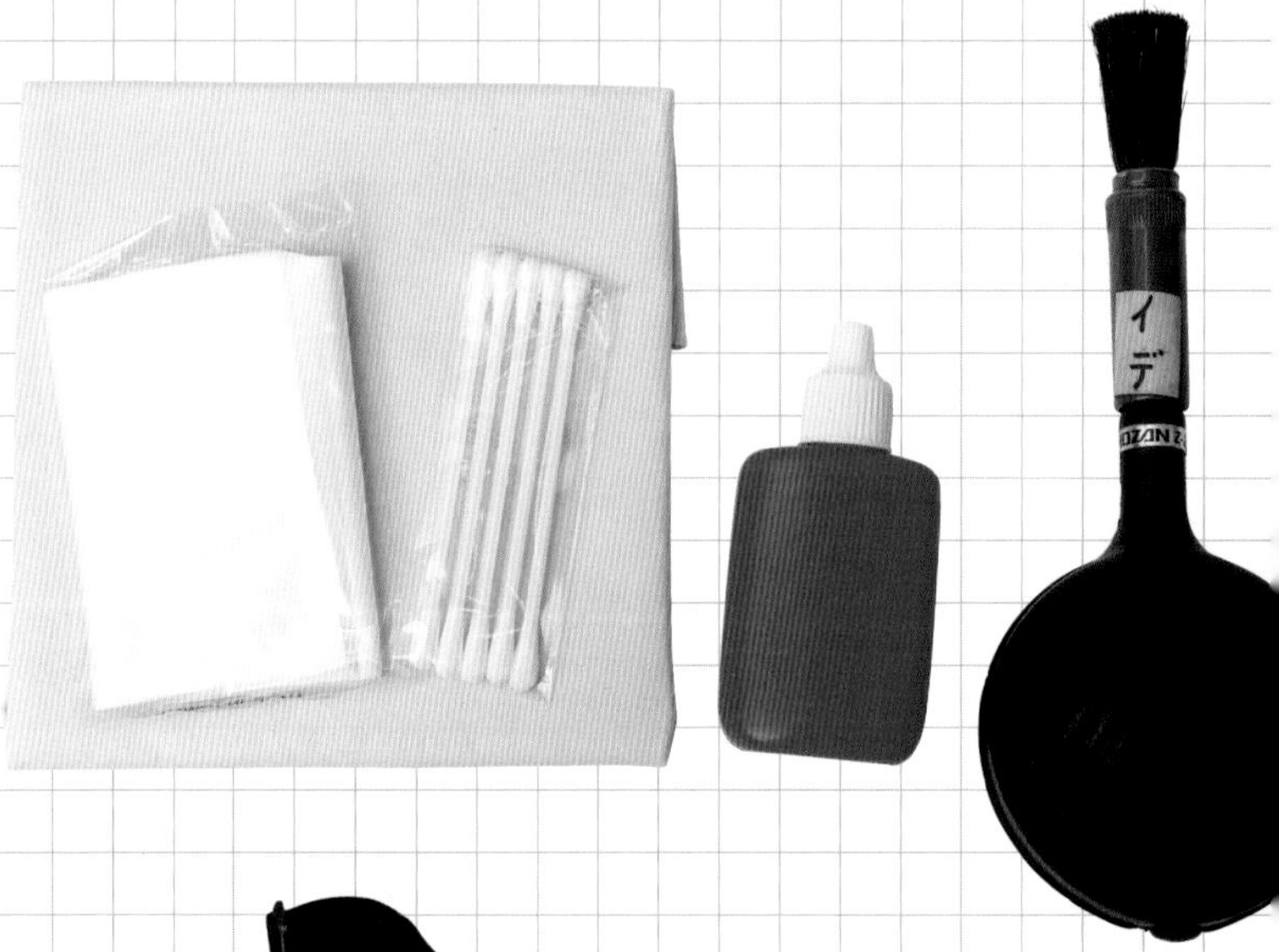

▶お手入《てい》れセット

大事《だいじ》なカメラをていねいに手入《てい》れ

カメラの手入《てい》れに使《つか》う道具《どうぐ》セット。左《ひだり》に敷《し》いているのはセーム革《がわ》（シカ革《がわ》）のクリーナーで、きめが細《こま》かくレンズを傷《きず》つけずに拭《ふ》けます。中央《ちゅうおう》の赤《あか》い液体《えきたい》クリーナー、左《ひだり》の綿棒《めんぼう》と専用《せんよう》クロス（布《ぬの》）で拭《ふ》く場合《ばあい》も。右《みぎ》のブロワーは空気《くうき》でほこりを吹《ふ》き飛《と》ばして、先端《せんたん》にブラシを装着《そうちゃく》することもできます。

◀ウエストポーチ

長年愛用《ながねんあいよう》しているお気《き》に入《い》りの品《しな》

収録現場《しゅうろくげんば》で身《み》につけるウエストポーチには他《ほか》の仕事道具《しごとどうぐ》をしまっています。井出《いで》さんがアシスタントを始《はじ》めた頃《ころ》から使《つか》っているお気《き》に入《い》りの一品《いっぴん》です。

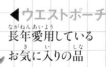

カメラマンってどうしたらなれるの?

中学《ちゅうがく》 3年《ねん》　15歳《さい》

↓

高校《こうこう》 3年《ねん》　18歳《さい》

↓

大学《だいがく》 4年《ねん》　22歳《さい》　／　**短大《たんだい》・専門学校《せんもんがっこう》 2年《ねん》　20歳《さい》**

カメラマンになるための特別《とくべつ》な資格《しかく》はありません。

技能《ぎのう》も働《はたら》きながら身《み》につけられますが、放送系専門学校《ほうそうけいせんもんがっこう》*1、大学《だいがく》・短大《たんだい》の放送系学部《ほうそうけいがくぶ》では基本的《きほんてき》な技術《ぎじゅつ》を学《まな》べます。

映画《えいが》などを観《み》て映像《えいぞう》に対《たい》する感覚《かんかく》を磨《みが》くのもいいでしょう。

↓

技術会社《ぎじゅつがいしゃ》・テレビ局《きょく》などに就職《しゅうしょく》

おもな就職先《しゅうしょくさき》は技術会社《ぎじゅつがいしゃ》*2やテレビ局《きょく》の技術部《ぎじゅつぶ》。

最初《さいしょ》はアシスタントとして現場《げんば》を経験《けいけん》しながら仕事《しごと》のやり方《かた》を覚《おぼ》えていきます。

現場《げんば》によっては勤務時間《きんむじかん》が不規則《ふきそく》で、重《おも》い機材《きざい》を扱《あつか》うこともあるので、体力《たいりょく》があると役立《やくだ》つ場合《ばあい》もあります。

↓

カメラマン

実力《じつりょく》をつけると一人前《いちにんまえ》のカメラマンとして仕事《しごと》を任《まか》されるようになります。

報道《ほうどう》、スポーツといった専門分野《せんもんぶんや》*3を持《も》ったり、いろいろな現場《げんば》で仕事《しごと》をしたりと働《はたら》き方《かた》は多彩《たさい》。

実績《じっせき》を上《あ》げて多《おお》くの仕事《しごと》を頼《たの》まれるようになり、会社《かいしゃ》から独立《どくりつ》してフリーランスで働《はたら》く人《ひと》もいます。

*1 放送系専門学校《ほうそうけいせんもんがっこう》

テレビ番組作《ばんぐみづく》りの技能《ぎのう》を学《まな》べる専門学校《せんもんがっこう》。カメラ、照明《しょうめい》、音響《おんきょう》といった技術《ぎじゅつ》だけでなく、制作《せいさく》を学《まな》べるコースも併設《へいせつ》されていることが多《おお》く、学生《がくせい》のうちから実習《じっしゅう》でプロの現場《げんば》に触《ふ》れることもできます。

*2 技術会社《ぎじゅつかいしゃ》

テレビ局《きょく》や制作会社《せいさくがいしゃ》の依頼《いらい》で番組作《ばんぐみづく》りの技《ぎ》術《じゅつ》をサポートする会社《かいしゃ》です。会社《かいしゃ》によって得意分野《とくいぶんや》は異《こと》なりますが、カメラマンなど各分野《かくぶんや》の専門《せんもん》スタッフが所属《しょぞく》していて、依《い》頼《らい》に応《おう》じて番組作《ばんぐみづく》りに関《かか》わります。

*3 専門分野《せんもんぶんや》

複数《ふくすう》のカメラがあるスタジオ撮影《さつえい》ではチームワークで動《うご》き、報道現場《ほうどうげんば》ではいい絵《え》を撮《と》るために前《まえ》に出《で》るなど、分野《ぶんや》によって求《もと》められる資質《ししつ》は違《ちが》っていて、個人《こじん》の性格《せいかく》やキャリアに合《あ》わせた働《はたら》き方《かた》も可能《かのう》です。

平均給与月額《へいきんきゅうよげつがく》

51万《まん》9,000円《えん》

推定平均年収《すいていへいきんねんしゅう》

623万円《まんえん》

お給料《きゅうりょう》っていくら?

これは番組制作《ばんぐみせいさく》などに関《かか》わる業種《ぎょうしゅ》の平均《へいきん》年収《ねんしゅう》ですが、勤《つと》め先《さき》や雇用形態《こようけいたい》で大《おお》きく変《か》わります。実績《じっせき》を上《あ》げて制作《せいさく》スタッフからの信頼《しんらい》を得《え》ると、より大《おお》きな仕事《しごと》を任《まか》されるようになり収入《しゅうにゅう》も上《あ》がります。

平成《へいせい》30年度《ねんど》厚生労働省《こうせいろうどうしょう》「賃金構造基本統計調査《ちんぎんこうぞうきほんとうけいちょうさ》」より。

映像編集者《えいぞうへんしゅうしゃ》ってどんな仕事《しごと》？

毎日映画社《まいにちえいがしゃ》

稲葉和也《いなばかずや》さん

素材《そざい》から映像《えいぞう》を作《つく》り出《だ》す

テレビ番組《ばんぐみ》で使《つか》われるＶＴＲは、撮影《さつえい》した映像《えいぞう》から必要《ひつよう》な部分《ぶぶん》を抜《ぬ》き出《だ》し、放送時間《ほうそうじかん》に合《あ》わせてつないで作《つく》られるもの。視聴者《しちょうしゃ》に番組内容《ばんぐみないよう》が伝《つた》わりやすいようにシーンがつながれ、さらにテロップ・効果音《こうかおん》も重《かさ》ねられています。こうした一連《いちれん》の作業《さぎょう》を映像編集《えいぞうへんしゅう》といい、番組作《ばんぐみづく》りの仕上《しあ》げに欠《か》かせない工程《こうてい》のひとつ。これを担当《たんとう》しているのが映像編集者《えいぞうへんしゅうしゃ》です。

ドラマでは各《かく》シーンをスムーズにつないだり、スポーツ番組《ばんぐみ》では試合《しあい》の見《み》どころをピックアップしたりと、映像《えいぞう》編集《へんしゅう》のやり方《かた》は番組《ばんぐみ》によってさまざま。録画番組《ろくがばんぐみ》では大量《たいりょう》の素材《そざい》を編集《へんしゅう》し、放送時間通《ほうそうじかんどお》りにまとめる作業《さぎょう》を行《おこな》ったりもします。映像編集者《えいぞうへんしゅうしゃ》は台本《だいほん》やディレクターの指示《しじ》をもとに自《みずか》らも構成《こうせい》を考《かんが》え、それぞれの番組《ばんぐみ》にふさわしい映像《えいぞう》を作《つく》り上《あ》げていきます。

多《おお》くの制作現場《せいさくげんば》で活躍《かつやく》

稲葉《いなば》さんが勤《つと》める毎日映画社《まいにちえいがしゃ》は65年《ねん》の歴史《れきし》を持《も》つ映像制作会社《えいぞうせいさくがいしゃ》。制作進行《せいさくしんこう》、映像編集《えいぞうへんしゅう》、撮影《さつえい》など番組作《ばんぐみづく》りに関《かん》する業務《ぎょうむ》を行《おこな》っており、それぞれの専門技術《せんもんぎじゅつ》を持《も》つ多《おお》くのスタッフが所属《しょぞく》しています。稲葉《いなば》さんは映像編集者《えいぞうへんしゅうしゃ》としてさまざまな現場《げんば》に派遣《はけん》されて仕事《しごと》をしており、そのひとつにニュース番組《ばんぐみ》のＶＴＲ作《づく》りがあります。

稲葉《いなば》さんの一日《いちにち》

13:00 出勤《しゅっきん》

14:00 ニュース打《う》ち合《あ》わせ

14:10 編集《へんしゅう》打《う》ち合《あ》わせ

14:30 昼食《ちゅうしょく》

15:00 編集《へんしゅう》作業《さぎょう》

16:30 映像《えいぞう》チェック

18:00 制作《せいさく》打《う》ち合《あ》わせ

20:00 技術《ぎじゅつ》打《う》ち合《あ》わせ

20:20 VTRチェック

20:40 リハーサル

20:59 生放送《なまほうそう》

22:00 片《かた》づけ、ミーティング

22:30 退勤《たいきん》

映像編集者《えいぞうへんしゅうしゃ》の仕事《しごと》

13:00 出勤《しゅっきん》

制作現場《せいさくげんば》のスケジュールは番組《ばんぐみ》の放送時間《ほうそうじかん》に合《あ》わせて組《く》まれているため、出勤時間《しゅっきんじかん》は仕事先《しごとさき》によって変《か》わります。この日《ひ》の仕事《しごと》はBS11の生放《なまほう》送《そう》ニュース番組《ばんぐみ》。夜《よる》20時《じ》59分《ふん》から始《はじ》まる放送《ほうそう》に合《あ》わせ、13時《じ》にテレビ局内《きょくない》の報道《ほうどう》センターに出勤《しゅっきん》します。

ここで稲葉《いなば》さんが携《たずさ》わっているのは、ニュース中《ちゅう》に流《なが》すVTR作《づく》りの仕事《しごと》です。出勤《しゅっきん》するとまず編集作業《へんしゅうさぎょう》に使《つか》うPCの電源《でんげん》を入《い》れ、各社《かくしゃ》の新聞《しんぶん》に目《め》を通《とお》してその日《ひ》のニュースをチェックします。どんなVTRを作《つく》るかは台本《だいほん》に書《か》かれていて、ディレクターからの依頼《いらい》もありますが、出勤中《しゅっきんちゅう》もスマートフォンでニュースを見《み》るなどして、世間《せけん》の動《うご》きにはいつも気《き》を配《くば》っているそうです。

14:00 ニュース打《う》ち合《あ》わせ

プロデューサーやディレクターなどの制作《せいさく》スタッフが集《あつ》まって打《う》ち合《あ》わせをします。

ニュース内容《ないよう》を統括《とうかつ》するニュースデスクからその日《ひ》のテーマが伝《つた》えられ、全員《ぜんいん》が内容《ないよう》を共有《きょうゆう》してから仕事《しごと》に取《と》りかかります。編集者《へんしゅうしゃ》は台本《だいほん》を読《よ》んでディレクターとも打《う》ち合《あ》わせを行《おこな》い、どういう映像《えいぞう》を作《つく》るかを確認《かくにん》します。

14:10 編集《へんしゅう》打《う》ち合《あ》わせ

編集《へんしゅう》スタッフだけの打《う》ち合《あ》わせを開《ひら》きます。話《はな》し合《あ》うのはニュース打《う》ち合《あ》わせの内容《ないよう》の再確認《さいかくにん》、進行状況《しんこうじょうきょう》の確認《かくにん》、前日《ぜんじつ》からの引《ひ》き継《つ》ぎなど。VTRの数《かず》が多《おお》い日《ひ》には仕事《しごと》の分担《ぶんたん》も調整《ちょうせい》します。

この現場《げんば》で作《つく》るVTRは大《おお》きく2種類《しゅるい》に分《わ》けられます。ひとつは映像《えいぞう》のみの「ニュースVTR」。アナウンサーが

映像《えいぞう》に合《あ》わせて原稿《げんこう》を生《なま》で読《よ》みます。もうひとつは映像《えいぞう》にナレーションや効果音《こうかおん》もついていて、番組中《ばんぐみちゅう》そのまま放送《ほうそう》する「特集《とくしゅう》VTR」です。この日《ひ》の稲葉《いなば》さんは特集《とくしゅう》VTRを担当《たんとう》します。

打《う》ち合《あ》わせが一段落《いちだんらく》したら食事《しょくじ》の時間《じかん》。昼食《ちゅうしょく》は栄養《えいよう》バランスに気《き》を使《つか》ったお弁当《べんとう》です。

15:00 編集作業《へんしゅうさぎょう》

映像《えいぞう》やナレーション、テロップなどの素材《そざい》を受《う》け取《と》ると、編集作業《へんしゅうさぎょう》の始《はじ》まりです。

VTRの内容《ないよう》は台本《だいほん》に書《か》かれていますが、順番《じゅんばん》が細《こま》かく指定《してい》されていることもあれば、大《おお》まかな形《かたち》で依頼《いらい》されることもあったりと、担当《たんとう》ディレクターによって指示《しじ》はさまざま。どのように構成《こうせい》すればいいかを秒単位《びょうたんい》で計算《けいさん》してから作業《さぎょう》に取《と》りかかります。

編集作業《へんしゅうさぎょう》では専用《せんよう》ソフトを使《つか》い、放送時間《ほうそうじかん》にぴったり合《あ》うように映像《えいぞう》をつなぎます。特集《とくしゅう》VTRはさらに効果音《こうかおん》やBGM、テロップを重《かさ》ねて構《こう》成《せい》。選択《せんたく》する映像《えいぞう》やつなぐ順《じゅん》番《ばん》で視聴者《しちょうしゃ》に与《あた》える印象《いんしょう》が変《か》わってくるため、ニュース番《ばん》組《ぐみ》では違和感《いわかん》なく見《み》られるような映像作《えいぞうづく》りを心《こころ》がけているといいます。

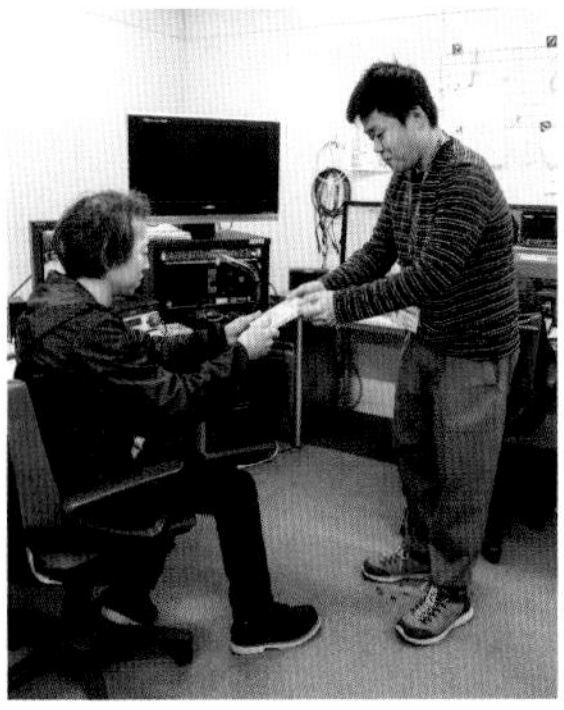

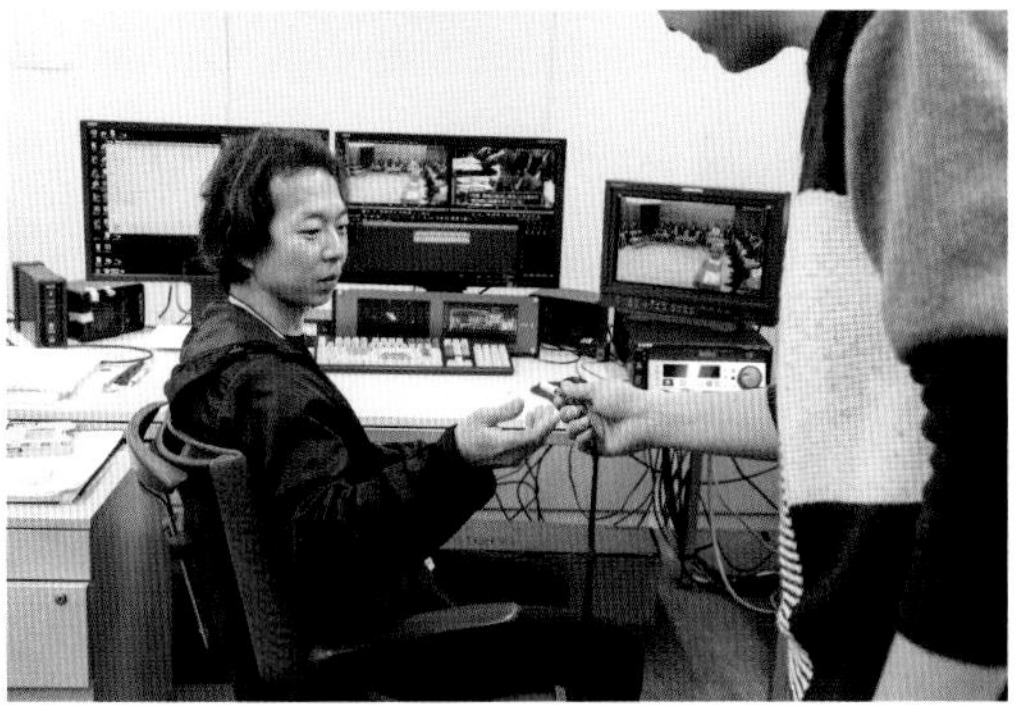

16:30 映像《えいぞう》チェック

VTRが完成《かんせい》するとプロデューサーとディレクターのチェックを受《う》けます。台本《だいほん》に沿《そ》って作《つく》るため大《おお》きな修正《しゅうせい》は入《はい》りませんが、進行中《しんこうちゅう》のニュースを扱《あつか》う場合《ばあい》は変化《へんか》に合《あ》わせて変更《へんこう》を行《おこな》うことも。放送《ほうそう》時間《じかん》が近《ちか》いときなどは素早《すばや》く正確《せいかく》に対応《たいおう》しなければいけません。

OKが出《で》たVTRは、副調《ふくちょう》整室《せいしつ》で再生《さいせい》できるよう共有《きょうゆう》サーバーに保管《ほかん》。引《ひ》き続《つづ》き次《つぎ》のVTR作《づく》りの作業《さぎょう》に入《はい》ります。

18:00 制作打《せいさくう》ち合《あ》わせ

本番《ほんばん》が近《ちか》づくと報道《ほうどう》センターには昼間《ひるま》より多《おお》くのスタッフが出入《でい》りするようになります。18時《じ》からはプロデューサーをはじめとする制作《せいさく》スタッフが集《あつ》まり、台本《だいほん》と資料《しりょう》を見《み》ながら、番組《ばんぐみ》の流《なが》れを最初《さいしょ》から最後《さいご》まで確認《かくにん》。その日《ひ》の放《ほう》送《そう》がどのような構成《こうせい》になるかを全員《ぜんいん》で改《あらた》めてチェックし、ニュース内容《ないよう》が変更《へんこう》になったときの対応方法《たいおうほうほう》などを決《き》めておきます。

この後《あと》、司会者《しかいしゃ》やゲストがテレビ局《きょく》に到着《とうちゃく》すると、ゲストの意見《いけん》に合《あ》わせてVTRの内容《ないよう》を調整《ちょうせい》することもあります。

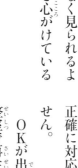

20:00 技術《ぎじゅつ》打《う》ち合《あ》わせ

打《う》ち合《あ》わせ後《ご》に細《こま》かな調整《ちょうせい》を行《おこな》って、放送《ほうそう》に使《つか》うVTRはすべて完成《かんせい》。20時《じ》からはスタジオでの技術《ぎじゅつ》打《う》ち合《あ》わせに参加《さんか》します。

集《あつ》まっているのはカメラマンや音声《おんせい》など番組《ばんぐみ》の技術面《ぎじゅつめん》を支《ささ》えるスタッフたちです。収《しゅう》録現場《ろくげんば》の進行《しんこう》を統括《とうかつ》するフロアディレクターの司会《しかい》で、番《ばん》組《ぐみ》の進行予定《しんこうよてい》とそれぞれの作《さ》業上《ぎょうじょう》の注意点《ちゅういてん》を確認《かくにん》。稲葉《いなば》さんも映像《えいぞう》の専門家《せんもんか》としてVTR前後《ぜんご》の画面《がめん》切《き》り替《か》えなどに意見《いけん》を出《だ》します。

20:20 VTRチェック

生放送中《なまほうそうちゅう》は副調整室《ふくちょうせいしつ》のVTR卓《たく》に座《すわ》ってVTR送出《そうしゅつ》を担《たん》当《とう》します。リハーサル前《まえ》には、本番《ほんばん》でも連携《れんけい》するスイッチャーやタイムキーパーと一緒《いっしょ》に映像《えいぞう》の解像度《かいぞうど》や明《あか》るさなど、VTRが放送上問題《ほうそうじょうもんだい》ないか確《かく》認《にん》。VTR番号《ばんごう》と秒数《びょうすう》を伝《つた》えながら番組《ばんぐみ》で使《つか》うすべてのVTRを一本《いっぽん》ずつ再生《さいせい》して最終《さいしゅう》チェックを行《おこな》います。

20:40 リハーサル

出演者《しゅつえんしゃ》がスタジオに入《はい》って準備《じゅんび》が整《ととの》うとリハーサルの時《じ》間《かん》です。副調整室《ふくちょうせいしつ》の照明《しょうめい》はモニターを見《み》やすいように落《お》と

されます。ここでは本番《ほんばん》をすべてなぞるわけではなく、ポイントとなる部分《ぶぶん》を中心《ちゅうしん》に実《じっ》施《し》します。ニュースVTRに合《あ》わせてアナウンサーが原稿《げんこう》を読《よ》み、実際《じっさい》にどのくらいの時間《じかん》がかかるかを確認《かくにん》して調《ちょう》整《せい》しています。稲葉《いなば》さんもヘッドセットをつけて他《ほか》のスタッフと連携《れんけい》し、タイミングを合《あ》わせてVTRを操作《そうさ》していきます。

20:59 生放送《なまほうそう》

いよいよ生放送本番《なまほうそうほんばん》です。この日《ひ》は番組《ばんぐみ》タイトルから直《ちょく》接《せつ》VTRにつながる構成《こうせい》なので、放送開始《ほうそうかいし》から機材《きざい》を操作《そうさ》してVTRを送出《そうしゅつ》。その後《ご》も番組《ばんぐみ》の進行《しんこう》に合《あ》わせて必要《ひつよう》なVTRを再生《さいせい》します。生放送《なまほうそう》ではミスがあるとそのまま放《ほう》送《そう》されてしまうため、周《まわ》りのスタッフとも互《たが》いにフォローを忘《わす》れません。番組終盤《ばんぐみしゅうばん》では他《ほか》の作業《さぎょう》をしている音声《おんせい》スタッフに代《か》わって、VTR卓《たく》から音楽《おんがく》を流《なが》すなど、互《たが》いに協力《きょうりょく》しながら番組《ばんぐみ》を作《つく》り上《あ》げていきます。

22:00 片《かた》づけ、ミーティング

放送《ほうそう》が無事《ぶじ》に終《お》わると番組《ばんぐみ》の記録用《きろくよう》テープを回収《かいしゅう》します。機材《きざい》を片《かた》づけてPCの電源《でんげん》を切《き》り、報道《ほうどう》センターに戻《もど》って編集《へんしゅう》スタッフのミーティングを開《ひら》きます。ここでは今後《こんご》の仕事《しごと》に生《い》かすため、その日一《ひいち》日《にち》の作業《さぎょう》をふり返《かえ》って改善点《かいぜんてん》などがあれば話《はな》し合《あ》い、翌日《よくじつ》のスケジュールを確認《かくにん》してから帰宅《きたく》します。

時《とき》にはこんな仕事《しごと》も

現場《げんば》の立《た》ち会《あ》い、PR映像作成《えいぞうさくせい》

映像編集《えいぞうへんしゅう》の技能《ぎのう》をいろいろな場《ば》で発揮《はっき》

稲葉《いなば》さんが担当《たんとう》しているのはニュース番組《ばんぐみ》だけではありません。仕事時間《しごとじかん》の大半《たいはん》は編《へん》集機材《しゅうきざい》に向《む》かっていますが、ときにはテレビ局《きょく》の外《そと》に出《で》て、収録現場《しゅうろくげんば》に立《た》ち会《あ》うこともあります。日《ひ》ごろからVTR機《き》材《ざい》を扱《あつか》う映像編集者《えいぞうへんしゅうしゃ》としての知識《ちしき》を生《い》かし、現場《げんば》では機材《きざい》の設置《せっち》やケーブル接続《せつぞく》といった作業《さぎょう》に従事《じゅうじ》。仮設《かせつ》の作業場《さぎょうば》が必要《ひつよう》な場合《ばあい》、パソコン、ビデオデッキ、ケーブルがあれば、どこでも映像編集《えいぞうへんしゅう》ができる環境《かんきょう》を作《つく》れるそうです。また、カメラマンの経験《けいけん》もある稲葉《いなば》さんは現場《げんば》で直接《ちょくせつ》カメラを扱《あつか》うこともあり、編集素材《へんしゅうそざい》としてどういう映像《えいぞう》がふさわしいか意見《いけん》を求《もと》められたりもしています。

また、稲葉《いなば》さんはテレビ番《ばん》組《ぐみ》のほか、コマーシャルや企《き》業《ぎょう》のPR映像《えいぞう》などの編集《へんしゅう》も手《て》がけています。こうした仕事《しごと》も素材《そざい》から映像《えいぞう》を作《つく》るという点《てん》は同《おな》じですが、その時々《ときどき》によって目的《もくてき》は変《か》わります。たとえばコマーシャルは商品《しょうひん》をアピールする必要《ひつよう》がありますし、企業《きぎょう》のPRではイメージ作《づく》りも大切《たいせつ》です。それぞれの目的《もくてき》にとってふさわしい映像《えいぞう》をしっかり考《かんが》え、最適《さいてき》な映像《えいぞう》を作《つく》り上《あ》げています。

Q&A

稲葉《いなば》さんに聞《き》いてみよう!

Q なぜ映像編集者《えいぞうへんしゅうしゃ》になろうと思《おも》ったのですか?

A 僕《ぼく》はもともとテレビが好《す》きで、記憶《きおく》にはありませんが幼稚園《ようちえん》の頃《ころ》からテレビの真似《まね》をして遊《あそ》んでいたそうです。小学校《しょうがっこう》・中学校《ちゅうがっこう》では放送委員《ほうそういいん》で学校《がっこう》の機材《きざい》を触《さわ》ったりもしていました。ただ、最初《さいしょ》から編集《へんしゅう》の仕事《しごと》をしようと思《おも》ってはいませんでした。

放送系《ほうそうけい》の専門学校《せんもんがっこう》に進《すす》んだときは、どうしてもテレビ業界《ぎょうかい》に進《すす》みたいというより、そういえば小《ちい》さい頃《ころ》に好《す》きだったなくらいの気持《きも》ちでした。学校《がっこう》ではいろいろな分野《ぶんや》を学《まな》べましたが、僕《ぼく》の性格《せいかく》だと知識《ちしき》は身《み》についても実際《じっさい》に仕事《しごと》にするまでのスキルにはならない、それなら現場《げんば》で学《まな》んだ方《ほう》が早《はや》いと考《かんが》え、アルバイトで技術会社《ぎじゅつがいしゃ》へ入《はい》りました。その会社《かいしゃ》がニュース番組《ばんぐみ》をやっていて、カメラマンなどのスタッフもみんな編集作業《へんしゅうさぎょう》をしていたんです。最初《さいしょ》はカメラマン志望《しぼう》で入《はい》ったのですが、やってみると編集《へんしゅう》も面白《おもしろ》くて、その頃《ころ》に基本的《きほんてき》な技術《ぎじゅつ》を身《み》につけましたね。卒業後《そつぎょうご》はその会社《かいしゃ》に就職《しゅうしょく》し、職場《しょくば》を移《うつ》りながらカメラマンと編集《へんしゅう》をやってきて、今《いま》は本格的《ほんかくてき》に編集《へんしゅう》の仕事《しごと》をしています。

Q この仕事《しごと》の大変《たいへん》なところ、苦労《くろう》は何《なん》ですか?

A 時間《じかん》に追《お》われるところが大変《たいへん》ですね。編集《へんしゅう》の仕事《しごと》に限《かぎ》った話《はなし》ではないのでしょうが、テレビは放送時間《ほうそうじかん》が決《き》まっているので、どうしても動《うご》かせないタイムリミットがあるんです。最近《さいきん》はそんな状態《じょうたい》で仕事《しごと》をするのもいくらか楽《たの》しめるようになりましたが、最初《さいしょ》にやった時《とき》はプレッシャーで手《て》が震《ふる》えたりもしました。

生放送《なまほうそう》で使《つか》うVTRは、基本的《きほんてき》にその日《ひ》のうちに素材《そざい》をそろえて作《つく》ります。忙《いそが》しそうに見《み》えるかもしれませんが、普通《ふつう》のニュースなら何《なに》を使《つか》うかは見《み》えているし、どんな作業《さぎょう》になるかもわかるので、まだ楽《らく》な方《ほう》なんです。ところが、たまに素材《そざい》が生放送直前《なまほうそうちょくぜん》にならないと到着《とうちゃく》しないこともあって、そういう時《とき》は本当《ほんとう》に忙《いそが》しいですね。だいたいこういう素材《そざい》が来《く》るという話《はなし》が出《で》ていても、届《とど》くまで中身《なかみ》がわからない場合《ばあい》もあります。それに、放送直前《ほうそうちょくぜん》までやっていたスポーツの試合《しあい》を本当《ほんとう》に時間《じかん》がないなかで編集《へんしゅう》することもありますね。内容《ないよう》がある程度《ていど》わかっていれば準備《じゅんび》もできますが、材料《ざいりょう》がないときは結構苦労《けっこうくろう》するんです。

Q この仕事《しごと》の魅力《みりょく》、やりがいを教《おし》えてください。

A 編集《へんしゅう》の仕事《しごと》については、僕《ぼく》の作《つく》った映像《えいぞう》を見《み》た人《ひと》が「いいね」とか「かっこいいね」と思《おも》ってくれるとうれしいですね。ですが、どんな映像《えいぞう》もかっこよく作《つく》ればいいというものではないんです。仕事《しごと》では依頼《いらい》を受《う》けて映像《えいぞう》を作《つく》りますから、相手《あいて》の意図《いと》に沿《そ》ったものにしなければいけません。たとえばニュース映像《えいぞう》は世《よ》の中《なか》のできごとを伝《つた》えるためにあるので、あえて目立《めだ》たない、見《み》た人《ひと》があまり気《き》にせずにいられる映像作《えいぞうづく》りを目指《めざ》します。現場《げんば》によって求《もと》められるものは違《ちが》っていて、それをきちんと読《よ》み取《と》って自分《じぶん》の意図《いと》が相手《あいて》と一致《いっち》すると、うまくできたなという気持《きも》ちになります。

ただ、仕事《しごと》で褒《ほ》めてもらえるのは、映像《えいぞう》の内容《ないよう》よりも時間内《じかんない》で作業《さぎょう》を終《お》えたときの方《ほう》が多《おお》いんです。どんなにいいものを作《つく》っても、時間《じかん》いっぱいまで作業《さぎょう》していては他《ほか》の人《ひと》に迷惑《めいわく》がかかりますよね。それよりは時間《じかん》に余裕《よゆう》を持《も》って、素材《そざい》を上手《じょうず》につなぐ方《ほう》が喜《よろこ》ばれるんです。そこも腕《うで》の見《み》せ所《どころ》ではあるので、うまくできると達成感《たっせいかん》はありますね。

Q 子《こ》どもの頃《ころ》にもっとしておけばよかったと思《おも》うことは?

A 英語《えいご》はもっと勉強《べんきょう》しておきたかったなと思《おも》います。英語《えいご》は嫌《きら》いというか、横文字《よこもじ》が全然覚《ぜんぜんおぼ》えられないんです。もちろん苦手科目《にがてかもく》でした。ただ、この仕事《しごと》では英語《えいご》を避《さ》けて通《とお》れません。基本的《きほんてき》に編集機材《へんしゅうきざい》で使《つか》う言葉《ことば》は全部《ぜんぶ》英語《えいご》ですし、英語《えいご》で書《か》かれているマニュアルもあります。それは覚《おぼ》えればまだ対応《たいおう》できますが、もっと大変《たいへん》なのは外《がい》信《しん》(海外《かいがい》ニュース)の編集作業《へんしゅうさぎょう》です。

外信《がいしん》の映像《えいぞう》には発言内容《はつげんないよう》を記《しる》したテキストがついていますが、当然英語《とうぜんえいご》で書《か》かれています。自動翻訳《じどうほんやく》にかけて日本《にほん》語《ご》にしたり、それでもわからないときは単語《たんご》の意味《いみ》を調《しら》べたりして、こういうことを言《い》っているんだろうと推測《すいそく》します。その作業《さぎょう》にはやはり苦労《くろう》させられますね。それにアメリカやイギリスだけではなく、他《ほか》の国《くに》でも要人《ようじん》は英語《えいご》で会《かい》見《けん》しているんです。今《いま》は海外《かいがい》ニュースを扱《あつか》うことも多《おお》いし、英語《えいご》がわかれば話《はなし》の内容《ないよう》に合《あ》わせた、もっといい編集《へんしゅう》ができるのになと思《おも》うんです。英語以外《えいごいがい》の言葉《ことば》なら諦《あきら》めもつくのですが、中途半端《ちゅうとはんぱ》にわかるだけに悔《くや》しいですね。

Q 小学生《しょうがくせい》・中学生《ちゅうがくせい》の頃《ころ》の得意科目《とくいかもく》や好《す》きだったことは何《なん》ですか?

A 小《ちい》さい頃《ころ》は機械《きかい》いじりが好《す》きでしたね。テレビやビデオデッキなど、ドライバーで開《あ》けられる家電《かでん》はひと通《とお》り分解《ぶんかい》しました。別《べつ》に改造《かいぞう》するわけではなく、中《なか》を見《み》て満足《まんぞく》して閉《と》じていたんです。学校《がっこう》では工作《こうさく》なども好《す》きでした。それが今《いま》の仕事《しごと》に直接関《ちょくせつかか》わるわけではありませんが、機械《きかい》の知識《ちしき》があれば多少《たしょう》は役《やく》に立《た》ちますし、おかげで編集《へんしゅう》機材《きざい》なども抵抗《ていこう》なく扱《あつか》えたような気《き》はします。

子《こ》どもの頃《ころ》によくやっていたもうひとつの遊《あそ》びが〝妄想《もうそう》〟です。自分《じぶん》でヒーローの話《はなし》を考《かんが》えて、頭《あたま》の中《なか》で再生《さいせい》するんです。マンガのようなコマ割《わ》りではなく、アニメのように映像《えいぞう》がつながっている感《かん》じですね。一人《ひとり》がこういうセリフを言《い》って、次《つぎ》はカットが切《き》り替《か》わって別《べつ》の場面《ばめん》の映像《えいぞう》が出《で》て……と、ずっと頭《あたま》の中《なか》で考《かんが》えていました。話《はなし》に集中《しゅうちゅう》するとブツブツ言《い》いながら家《いえ》の周《まわ》りを歩《ある》いていたりして、親《おや》に心配《しんぱい》されたこともあります。そうやって頭《あたま》の中《なか》でカットの作《つく》り方《かた》を考《かんが》えていたのは、今《いま》の仕事《しごと》につながっているのかもしれません。

Q 映像編集者《えいぞうへんしゅうしゃ》に興味《きょうみ》を持《も》っている人《ひと》にメッセージをお願《ねが》いします。

A 職場《しょくば》に新人《しんじん》の子《こ》が来《く》ると、僕《ぼく》は「恋愛《れんあい》をしなさい」とよく言《い》います。どういうことをすると相手《あいて》が喜《よろこ》ぶか、嫌《いや》がるかが覚《おぼ》えられるし、人《ひと》と人《ひと》のつながりもわかるようになるからです。それに、たとえば恋愛系《れんあいけい》のドラマを作《つく》るとき、自分《じぶん》が恋《こい》をしたことがなければ気持《きも》ちが理解《りかい》できないということもありますよね。これはなにも恋愛《れんあい》だけを特別《とくべつ》にしてほしいわけではなく、いろいろな経験《けいけん》をしてほしいという意味《いみ》で言《い》っているんです。別《べつ》に友達《ともだち》づきあいでもいいし、遊《あそ》びに行《い》っておいしいものを食《た》べるのでもいい。時《とき》には多少悪《たしょうわる》いことをして怒《おこ》られるのもいいんじゃないかなと思《おも》います。

テレビで扱《あつか》う範囲《はんい》はとても広《ひろ》いし、何《なに》がどう役立《やくだ》つかはその時《とき》になってみないとわかりません。ですから、とりあえずは自分《じぶん》の好《す》き嫌《きら》いだけにこだわらず、なんでも経験《けいけん》してみてください。そうすれば好《す》きなものが新《あたら》しく見《み》つかるかもしれませんよね。そうしているうちに、いずれ自分《じぶん》なりの選択肢《せんたくし》が見《み》つかると思《おも》います。

Q どんな人《ひと》が映像編集者《えいぞうへんしゅうしゃ》に向《む》いていると思《おも》いますか?

A 映像編集《えいぞうへんしゅう》は苦手科目《にがてかもく》があるからできないという仕事《しごと》ではありません。それよりは特別《とくべつ》な興味《きょうみ》を持《も》っているものとか、これなら他《ほか》の人《ひと》に負《ま》けないというものを持《も》っていることの方《ほう》が大切《たいせつ》な気《き》はします。テレビは世《よ》の中《なか》のできごとを扱《あつか》いますから、その興味《きょうみ》が生《い》きる場面《ばめん》がどこかで訪《おとず》れるんです。そうやって大事《だいじ》なものがあれば、面白《おもしろ》さを人《ひと》に伝《つた》えようという気持《きも》ちにもつながるでしょうね。ですから、いろいろなものに興味《きょうみ》を持《も》って、自分《じぶん》にとって大事《だいじ》なものを作《つく》ってくれるといいなと思《おも》うんです。

周《まわ》りの人《ひと》を見《み》ても仕事《しごと》スタイルは人《ひと》によって違《ちが》うし、性《せい》格《かく》もいろいろです。僕《ぼく》は失敗《しっぱい》をするといつまでも気《き》にするタイプなのですが、これも一長一短《いっちょういったん》ですよね。気《き》にしていれば次《つぎ》に同《おな》じ失敗《しっぱい》をしないとも言《い》えます。でも、人《ひと》によっては気《き》にしすぎて次《つぎ》に進《すす》めない場合《ばあい》だってあるかもしれません。ですから、どんな人《ひと》が向《む》いているかではなく、その人《ひと》が持《も》っているものをどう仕事《しごと》に生《い》かせるかが大切《たいせつ》なのかなという気《き》がします。

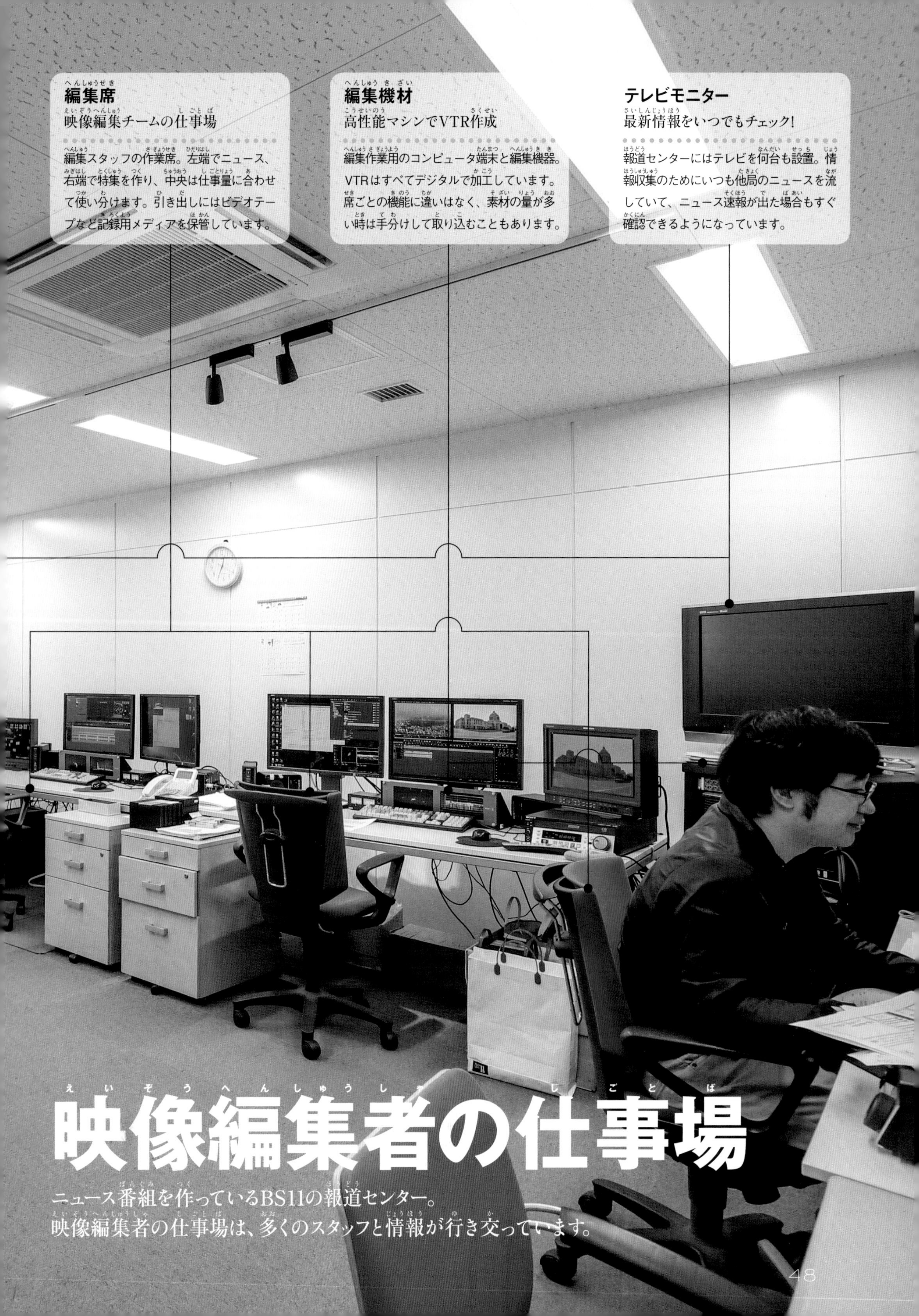

映像編集者《えいぞうへんしゅうしゃ》の仕事場《しごとば》

ニュース番組《ばんぐみ》を作《つく》っているBS11の報道《ほうどう》センター。
映像編集者《えいぞうへんしゅうしゃ》の仕事場《しごとば》は、多《おお》くのスタッフと情報《じょうほう》が行《ゆ》き交《か》っています。

編集席《へんしゅうせき》

映像編集《えいぞうへんしゅう》チームの仕事場《しごとば》

編集《へんしゅう》スタッフの作業席《さぎょうせき》。左端《ひだりはし》でニュース、右端《みぎはし》で特集《とくしゅう》を作《つく》り、中央《ちゅうおう》は仕事量《しごとりょう》に合《あ》わせて使《つか》い分《わ》けます。引《ひ》き出《だ》しにはビデオテープなど記録用《きろくよう》メディアを保管《ほかん》しています。

編集機材《へんしゅうきざい》

高性能《こうせいのう》マシンでVTR作成《さくせい》

編集作業用《へんしゅうさぎょうよう》のコンピュータ端末《たんまつ》と編集機器《へんしゅうきき》。VTRはすべてデジタルで加工《かこう》しています。席《せき》ごとの機能《きのう》に違《ちが》いはなく、素材《そざい》の量《りょう》が多《おお》い時《とき》は手分《てわ》けして取《と》り込《こ》むこともあります。

テレビモニター

最新情報《さいしんじょうほう》をいつでもチェック!

報道《ほうどう》センターにはテレビを何台《なんだい》も設置《せっち》。情報収集《じょうほうしゅうしゅう》のためにいつも他局《たきょく》のニュースを流《なが》していて、ニュース速報《そくほう》が出《で》た場合《ばあい》もすぐ確認《かくにん》できるようになっています。

共有《きょうゆう》PC

簡単《かんたん》な調《しら》べものなどに

制作《せいさく》スタッフ共有《きょうゆう》のノートパソコン。報道《ほうどう》センターに出入《でい》りする人《ひと》なら誰《だれ》でも利用《りよう》でき、ちょっとした調《しら》べものやデータのダウンロードなどに活用《かつよう》しています。

アシスタント席《せき》

台本《だいほん》、資料《しりょう》をプリントアウト

ADなどの番組《ばんぐみ》アシスタントが作業《さぎょう》をする席《せき》です。ノートパソコンが用意《ようい》されていて、台本《だいほん》や番組《ばんぐみ》の資料《しりょう》、ニュース原稿《げんこう》が届《とど》くと、隣《となり》のプリンターから出力《しゅつりょく》します。

デスク席《せき》

ニュース内容《ないよう》のまとめ役《やく》

番組《ばんぐみ》で扱《あつか》うニュースの内容《ないよう》や原稿《げんこう》について責任《せきにん》を持《も》つニュースデスクの仕事席《しごとせき》。台本《だいほん》の文章《ぶんしょう》やVTR、資料《しりょう》などをチェックする必要《ひつよう》があるので、ここで目《め》を通《とお》します。

テーブル

作業場所《さぎょうばしょ》にもなる共有机《きょうゆうづくえ》

制作《せいさく》スタッフが使《つか》っている共有《きょうゆう》の机《つくえ》。プリントアウトした台本《だいほん》をまとめたり、資料《しりょう》を集《あつ》めたりと、その時々《ときどき》で必要《ひつよう》な作業《さぎょう》をする場所《ばしょ》で、打《う》ち合《あ》わせにも使《つか》います。

▲チョコレート

疲《つか》れた頭《あたま》に糖分補給《とうぶんほきゅう》!

編集《へんしゅう》作《さ》業中《ぎょうちゅう》は机《つくえ》に向《む》かって集中《しゅうちゅう》することが大事《だいじ》。頭《あたま》が疲《つか》れたら、チョコレートを食《た》べて糖分《とうぶん》を補給《ほきゅう》します。仕事《しごと》がひと段落《だんらく》すると甘《あま》いものが欲《ほ》しくなるといいます。

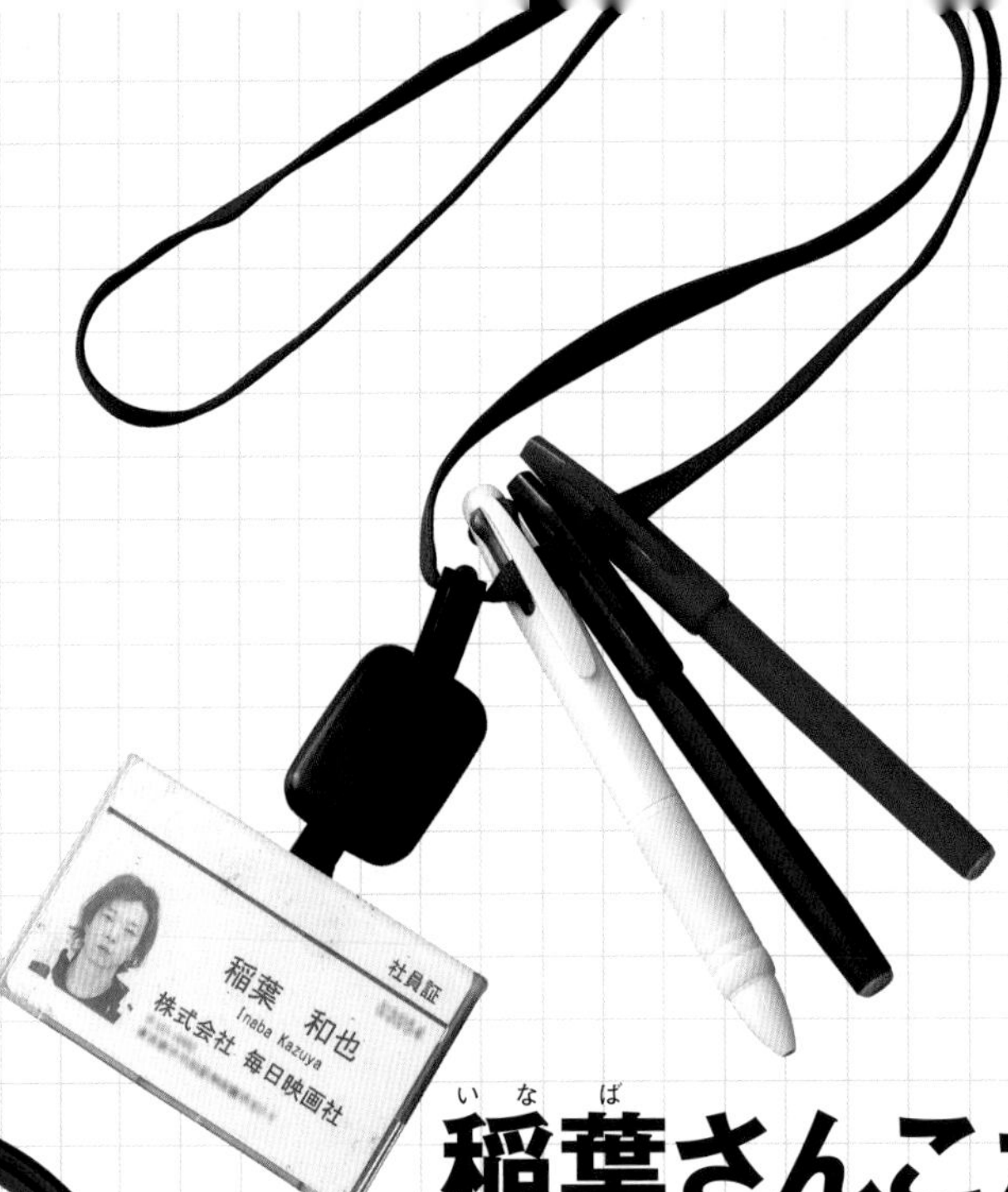

◀ストラップ&ペン

大事《だいじ》なものを首《くび》からかける

首《くび》にかけるストラップには社員証《しゃいんしょう》とペンを装着《そうちゃく》。社員証《しゃいんしょう》はスタジオに入《はい》るためのカードキーにもなっています。文字《もじ》はボールペン、台《だい》本《ほん》への書《か》き込《こ》みはVTRの種類《しゅるい》ごとに赤《あか》、青《あお》のペンと使《つか》い分《わ》け。いつでも使《つか》えるようにストラップに挟《はさ》んでおきます。

稲葉《いなば》さんこだわりの7つ道具《どうぐ》

編集機材《へんしゅうきざい》に向《む》かってVTRを作《つく》り出《だ》す映像編集者《えいぞうへんしゅうしゃ》。集中力《しゅうちゅうりょく》を発揮《はっき》できるよう、体《からだ》のケアも忘《わす》れません。

▶ツボ押《お》しグッズ

しつこい肩《かた》のこりをほぐす

いつも同《おな》じ姿勢《しせい》で作業《さぎょう》をしている映像編集者《えいぞうへんしゅうしゃ》は肩《かた》こりが職業病《しょくぎょうびょう》。作《さ》業《ぎょう》の合間《あいま》にはツボ押《お》しグッズで体《からだ》をほぐしてリラックスするようにしています。

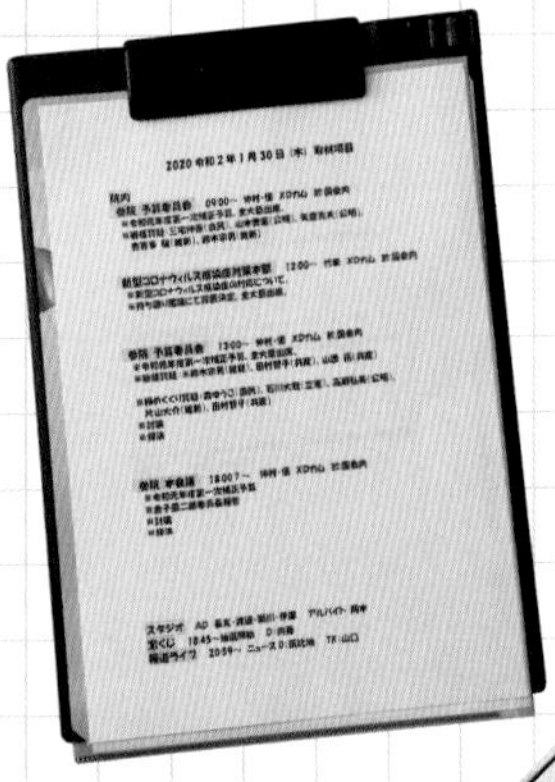

▲バインダー

紙《かみ》の資料《しりょう》をすべてまとめる

台本《だいほん》は一日《いちにち》のうちに何度《なんど》も更新《こうしん》され、その他《ほか》の資料《しりょう》も仕事《しごと》には必要《ひつよう》。必要《ひつよう》な情報《じょうほう》はすべてここにまとめていて、打《う》ち合《あ》わせにも持《も》ち歩《ある》きます。

▲ウインドブレーカー

一年《いちねん》を通《つう》じて愛用《あいよう》

スタジオ内《ない》は機材《きざい》を冷却《れいきゃく》するため冷《ひ》え込《こ》む場所《ばしょ》も多《おお》く、さっと羽織《はお》れるウインドブレーカーが手放《てばな》せないそうです。ポケットにちょっとしたものをしまえるように夏場《なつば》も着用《ちゃくよう》。柔《やわ》らかい材質《ざいしつ》がお気《き》に入《い》りです。

◀サンダル

長時間《ちょうじかん》の作業場用《さぎょうばよう》に

編集作業《へんしゅうさぎょう》やVTRの送出《そうしゅつ》など、仕《し》事《ごと》では座《すわ》って作業《さぎょう》する時間《じかん》がほとんどです。作業中《さぎょうちゅう》は足《あし》が楽《らく》になるようサンダルに履《は》き替《か》えます。移《い》動《どう》や機材《きざい》の設置《せっち》などもあるため、動《うご》きやすい形《かたち》のものを愛用《あいよう》しているそうです。

▲外付《そとづ》けハードディスク

自分用《じぶんよう》にデータをストック

残《のこ》しておきたい映像《えいぞう》や文章《ぶんしょう》があれば、このハードディスクにデータを保存《ほぞん》。個人《こじん》で持《も》っていても問題《もんだい》のない範囲《はんい》でデータを残《のこ》しておき、いざという時《とき》に使《つか》えるよう準備《じゅんび》を整《ととの》えています。

映像編集者《えいぞうへんしゅうしゃ》ってどうしたらなれるの?

中学《ちゅうがく》 3年《ねん》 15歳《さい》

↓

高校《こうこう》 3年《ねん》 18歳《さい》

↓

大学《だいがく》 4年《ねん》 22歳《さい》 / **短大《たんだい》・専門学校《せんもんがっこう》 2年《ねん》** 20歳《さい》

仕事《しごと》をするための特別《とくべつ》な資格《しかく》はありませんが、映像編集《えいぞうへんしゅう》の知識《ちしき》・技術《ぎじゅつ》が求《もと》められる仕事《しごと》です。
映像系学科《えいぞうけいがっか》のある大学《だいがく》・短大《たんだい》や映像系専門学校《えいぞうけいせんもんがっこう》では、専門知識《せんもんちしき》*1と編集機材《へんしゅうきざい》*2の使《つか》い方《かた》を学《まな》べます。

↓

番組制作会社《ばんぐみせいさくがいしゃ》・テレビ局《きょく》などに就職《しゅうしょく》

卒業後《そつぎょうご》の仕事場《しごとば》は番組制作会社《ばんぐみせいさくがいしゃ》やテレビ局《きょく》の制作部《せいさくぶ》など。
はじめはアシスタント的《てき》な仕事《しごと》をしながら、それぞれの現場《げんば》にふさわしい編集《へんしゅう》の実力《じつりょく》をつけていきます。

↓

映像編集者《えいぞうへんしゅうしゃ》

より責任《せきにん》の大《おお》きな仕事《しごと》を任《まか》されるようになり、さまざまな現場《げんば》で仕事《しごと》をします。
まわりからの信頼《しんらい》を得《え》ると、プロデューサーやディレクターから指名《しめい》を受《う》けることも。実績《じっせき》を上《あ》げてフリーランスとして働《はたら》く人《ひと》もいます。

＊1 専門知識《せんもんちしき》

編集《へんしゅう》は番組制作《ばんぐみせいさく》にとって大事《だいじ》な工程《こうてい》です。映像編集者《えいぞうへんしゅうしゃ》は編集機材《へんしゅうきざい》の使《つか》い方《かた》だけでなく、効果的《こうかてき》な場面《ばめん》のつなぎ方《かた》やテロップ・特殊《とくしゅ》効果《こうか》の入《い》れ方《かた》など、さまざまな知識《ちしき》を身《み》につける必要《ひつよう》があります。

＊2 編集機材《へんしゅうきざい》

編集技法《へんしゅうぎほう》にはビデオテープ上《じょう》で編集《へんしゅう》するリニア編集《へんしゅう》、コンピュータにデータを取《と》り込《こ》むノンリニア編集《へんしゅう》の2種類《しゅるい》があります。現在《げんざい》はノンリニア編集《へんしゅう》が主流《しゅりゅう》で、映像編集《えいぞうへんしゅう》ソフトを使《つか》えることは必須《ひっす》のスキルです。

平均給与月額《へいきんきゅうよげつがく》

51万《まん》9,000円《えん》

推定平均年収《すいていへいきんねんしゅう》

623万円《まんえん》

お給料《きゅうりょう》っていくら?

左《ひだり》の数字《すうじ》はテレビ番組制作《ばんぐみせいさく》などに関《かか》わる業種《ぎょうしゅ》の平均年収《へいきんねんしゅう》です。実力《じつりょく》をつけ、多《おお》くの仕事《しごと》を任《まか》されるようになると収入《しゅうにゅう》もアップ。インターネット動画《どうが》など、テレビ以外《いがい》の仕事《しごと》から収入《しゅうにゅう》を得《え》る人《ひと》もいます。

平成《へいせい》30年度《ねんど》厚生労働省《こうせいろうどうしょう》「賃金構造基本統計調査《ちんぎんこうぞうきほんとうけいちょうさ》」より。

他《ほか》にも いろいろなお仕事《しごと》！

テレビに関《かか》わるお仕事《しごと》は多種多様《たしゅたよう》です。
もしかしたら皆《みな》さんの将来《しょうらい》の職業《しょくぎょう》がこの中《なか》にあるかも！

ディレクター

【どんな仕事《しごと》？】

番組作《ばんぐみづく》りには企画《きかく》、準備《じゅんび》、撮影《さつえい》、仕上《しあ》げといった多《おお》くの工程《こうてい》がありますが、それぞれの段階《だんかい》でスタッフに指示《しじ》を出《だ》して全体《ぜんたい》の方向性《ほうこうせい》を作《つく》り出《だ》しているのがディレクターの役割《やくわり》です。プロデューサーや放送作家《ほうそうさっか》と企画《きかく》を一緒《いっしょ》に考《かんが》えたり、収録時《しゅうろくじ》にはロケ現場《げんば》や副調整室《ふくちょうせいしつ》に立《た》ち会《あ》って演出《えんしゅつ》したり、編集《へんしゅう》の仕上《しあ》げをチェックしたりと、作業内容《さぎょうないよう》は多数《たすう》。番組《ばんぐみ》によっても仕事《しごと》の範囲《はんい》は大《おお》きく変《か》わりますが、制作《せいさく》に関《かか》わる多《おお》くのスタッフをまとめ上《あ》げる、現場《げんば》の監督役《かんとくやく》として働《はたら》いています。

【どうしたらなれる？】

仕事《しごと》をするには番組制作《ばんぐみせいさく》の知識《ちしき》と経験《けいけん》が必要《ひつよう》です。主《おも》な所属先《しょぞくさき》はテレビ局《きょく》や制作会社《せいさくがいしゃ》で、大学《だいがく》・専門学校《せんもんがっこう》を卒業後《そつぎょうご》に就職《しゅうしょく》するのが一般的《いっぱんてき》です。最初《さいしょ》はＡＤとして現場《げんば》のさまざまな仕事《しごと》をしながら経験《けいけん》を積《つ》んでいきます。ある程度実力《ていどじつりょく》をつけると撮影現場《さつえいげんば》をまとめるフロアディレクターなど、責任《せきにん》のある仕事《しごと》を任《まか》されるようになります。さらに経験《けいけん》を積《つ》み、仕事《しごと》で実績《じっせき》を上《あ》げるとディレクターとして働《はたら》くことが可能《かのう》。その後《ご》はプロデューサーになることもできますが、自分《じぶん》の意思《いし》で現場《げんば》の仕事《しごと》を続《つづ》ける人《ひと》もいます。

タイムキーパー

【どんな仕事《しごと》？】

テレビ番組《ばんぐみ》にはあらかじめ決《き》められた放送時間《ほうそうじかん》があり、開始《かいし》と終了《しゅうりょう》の時間《じかん》だけでなく、途中《とちゅう》に挟《はさ》まれるＣＭなどに合《あ》わせた細《こま》かい進行《しんこう》が必要《ひつよう》です。そうした時間《じかん》の管理《かんり》をしているのがタイムキーパーです。生放送《なまほうそう》では進行表《しんこうひょう》をもとに、秒単位《びょうたんい》ですべての時間《じかん》を記《しる》したＱシートを作《つく》って他《ほか》のスタッフと共有《きょうゆう》。リハーサル、本番《ほんばん》でもストップウォッチで時間《じかん》を計《はか》っていて、予定外《よていがい》のできごとにも対応《たいおう》できるよう残《のこ》り時間《じかん》を他《ほか》のスタッフに伝達《でんたつ》します。収録番組《しゅうろくばんぐみ》ではＶＴＲをパートごとに計《はか》って編集《へんしゅう》に役立《やくだ》てています。

【どうしたらなれる？】

仕事《しごと》をするための特別《とくべつ》な資格《しかく》はありません。タイムキーパーの養成課程《ようせいかてい》を設《もう》けている専門学校《せんもんがっこう》は少《すく》ないですが、通《かよ》っておくと番組制作《ばんぐみせいさく》の基本的《きほんてき》な知識《ちしき》を学《まな》ぶことができます。主《おも》な就職先《しゅうしょくさき》は番組制作会社《ばんぐみせいさくがいしゃ》。就職後《しゅうしょくご》はアシスタント的《てき》な仕事《しごと》をしながら、60進法《しんぽう》での時間《じかん》の計《はか》り方《かた》、Ｑシートの作《つく》り方《かた》などの技能《ぎのう》を身《み》につけていき、経験《けいけん》を積《つ》むと一人《ひとり》で現場《げんば》の時間《じかん》を管理《かんり》するようになります。担当番組《たんとうばんぐみ》によっては早朝《そうちょう》や深夜《しんや》の時間帯《じかんたい》に働《はたら》くこともあり、常《つね》に集中力《しゅうちゅうりょく》が必要《ひつよう》な仕事《しごと》でもあるため、体調管理《たいちょうかんり》も求《もと》められます。

ビデオエンジニア

【どんな仕事《しごと》？】

ビデオエンジニア（VE）は映像《えいぞう》を調節《ちょうせつ》する技《ぎ》術者《じゅつしゃ》。カメラで撮影《さつえい》した映像《えいぞう》を確認《かくにん》・補正《ほせい》するのがおもな作業《さぎょう》です。テレビで使《つか》われる映像素《えいぞうそ》材《ざい》は、撮影《さつえい》したカメラの種類《しゅるい》や周《まわ》りの環境《かんきょう》によって色《いろ》や明《あか》るさに違《ちが》いが出《で》ます。VEは副調《ふくちょう》整室《せいしつ》や中継車《ちゅうけいしゃ》で映像《えいぞう》がクリアに撮《と》れているかをチェックし、機材《きざい》で統一感《とういつかん》が出《で》るように映像《えいぞう》を補正《ほせい》。ニュース、ドラマ、バラエティなどの番《ばん》組《ぐみ》ジャンルにふさわしい映像《えいぞう》を作《つく》り上《あ》げます。その他《ほか》に収録設備《しゅうろくせつび》の管理《かんり》、機材《きざい》トラブルの対応《たいおう》なども手《て》がけています。

【どうしたらなれる？】

VEには機材《きざい》の使《つか》い方《かた》や映像《えいぞう》についての知識《ちしき》が求《もと》められます。大学《だいがく》・短大《たんだい》の映像系学科《えいぞうけいがっか》や専《せん》門学校《もんがっこう》で基本《きほん》を勉強《べんきょう》しておくと役《やく》に立《た》ちます。番組作《ばんぐみづく》りの技術全般《ぎじゅつぜんぱん》を学《まな》べる専門学校《せんもんがっこう》もあるので、進学後《しんがくご》に自分《じぶん》の適性《てきせい》に合《あ》わせた職種《しょくしゅ》を選《えら》ぶことも可能《かのう》です。一般的《いっぱんてき》な就職先《しゅうしょくさき》は映像技術会《えいぞうぎじゅつがい》社《しゃ》。就職後《しゅうしょくご》は社内《しゃない》の研修《けんしゅう》やアシスタント業務《ぎょうむ》を経《へ》て、制作現場《せいさくげんば》に派遣《はけん》されてVEの仕事《しごと》をします。実際《じっさい》に仕事《しごと》で使《つか》う機材《きざい》は職場《しょくば》によって違《ちが》い、新製品《しんせいひん》が開発《かいはつ》されることもあるため、常《つね》に最新《さいしん》の知識《ちしき》に触《ふ》れる努力《どりょく》もしなければいけません。

美術《びじゅつ》スタッフ

【どんな仕事《しごと》？】

テレビに映《うつ》る背景《はいけい》や小物《こもの》など、美術関係《びじゅつかんけい》のものを用意《ようい》するのが美術《びじゅつ》スタッフの仕事《しごと》です。スタジオのセット、ドラマの背景《はいけい》などの大道具《おおどうぐ》から、ドラマで俳優《はいゆう》が手《て》に持《も》つ小道具《こどうぐ》まで、扱《あつか》うサイズはさまざま。番組《ばんぐみ》の雰囲気《ふんいき》や演出意図《えんしゅついと》に合《あ》わせた道具《どうぐ》をレンタルなどで準備《じゅんび》し、適切《てきせつ》なものがなければ自分《じぶん》で作《つく》って用意《ようい》します。そのため、デザインに関《かん》する知識《ちしき》やセンスは欠《か》かせません。また、実際《じっさい》にスタジオ内《ない》の設営《せつえい》・解体《かいたい》を手《て》がけることもあり、番組作《ばんぐみづく》りの現場《げんば》におけるものづくりを一手《いって》に引《ひ》き受《う》けています。

【どうしたらなれる？】

美術系《びじゅつけい》の大学《だいがく》や専門学校《せんもんがっこう》、映像系《えいぞうけい》の専門学校《せんもんがっこう》に進《すす》み、デザインの知識《ちしき》と技能《ぎのう》を身《み》につけておくとよいでしょう。おもな就職先《しゅうしょくさき》は番組制作会《ばんぐみせいさくがい》社《しゃ》の美術部門《びじゅつぶもん》や美術会社《びじゅつがいしゃ》です。就職後《しゅうしょくご》は助手《じょしゅ》として先輩《せんぱい》の下《した》で働《はたら》き、いろいろな現場《げんば》を経験《けいけん》しながら仕事《しごと》のやり方《かた》を覚《おぼ》えていきます。会社《かいしゃ》によって得意分野《とくいぶんや》は異《こと》なり、CM撮影《さつえい》や映画《えいが》、演《えん》劇《げき》といったテレビ以外《いがい》の業界《ぎょうかい》で仕事《しごと》をすることもあります。一人前《いちにんまえ》になってさらに充分《じゅうぶん》な実績《じっせき》を上《あ》げ、番組全体《ばんぐみぜんたい》の美術《びじゅつ》を統括《とうかつ》する美術監督《びじゅつかんとく》の立場《たちば》で働《はたら》く人《ひと》もいます。

音声《おんせい》スタッフ

【どんな仕事《しごと》？】

番組《ばんぐみ》の音《おと》に関《かか》わる業務《ぎょうむ》に携《たずさ》わるのが音声《おんせい》スタッフです。ロケではマイクを持《も》ち運《はこ》んで現場《げんば》の音《おと》を録音《ろくおん》し、スタジオでは出演者《しゅつえんしゃ》の声《こえ》を拾《ひろ》えるようマイクの設定《せってい》などを行《おこな》います。また、録《ろく》音《おん》しながらマイクの録音《ろくおん》レベルを調整《ちょうせい》するのも仕事《しごと》のひとつ。生放送《なまほうそう》では副調整室《ふくちょうせいしつ》に入《はい》って収《しゅう》録《ろく》と同時《どうじ》にこの作業《さぎょう》を行《おこな》っています。その他《ほか》にもナレーションの録音《ろくおん》に立《た》ち会《あ》ったり、BGMや効果音《こうかおん》を流《なが》したりと、関《かか》わる仕事《しごと》は多数《たすう》。番《ばん》組《ぐみ》に合《あ》わせた形《かたち》で視聴者《しちょうしゃ》に聞《き》き取《と》りやすく音《おと》を仕上《しあ》げる専門家《せんもんか》です。

【どうしたらなれる？】

特別《とくべつ》な資格《しかく》は求《もと》められませんが、仕事《しごと》をするには専門知識《せんもんちしき》が必要《ひつよう》です。放送《ほうそう》・音響系学科《おんきょうけいがっか》のある大学《だいがく》・短大《たんだい》や専門学校《せんもんがっこう》に通《かよ》い、基本的《きほんてき》な知《ち》識《しき》や機材《きざい》の使《つか》い方《かた》を勉強《べんきょう》すると役立《やくだ》ちます。就《しゅう》職先《しょくさき》は技術会社《ぎじゅつがいしゃ》やテレビ局《きょく》の技術部《ぎじゅつぶ》などです。はじめはアシスタントとして現場《げんば》を経験《けいけん》し、仕《し》事《ごと》のやり方《かた》を身《み》につけていきます。また、仕事《しごと》では音《おと》に対《たい》する感覚《かんかく》も大切《たいせつ》です。基本《きほん》の作業《さぎょう》は同《おな》じでも流行《りゅうこう》によって求《もと》められる音《おと》は変《か》わるので、新《あたら》しい情報《じょうほう》を取《と》り入《い》れる姿勢《しせい》を持《も》つことも忘《わす》れてはいけません。

照明《しょうめい》スタッフ

【どんな仕事《しごと》？】

照明《しょうめい》は番組《ばんぐみ》作《づく》りに欠《か》かせない大事《だいじ》な要素《ようそ》です。ライトは番組《ばんぐみ》ごとに出演者《しゅつえんしゃ》の人数《にんずう》や位置《いち》に合《あ》わせて設置《せっち》され、スタジオ内《ない》を照《て》らして見《み》やすい画面《がめん》にしてくれ、さらに番組《ばんぐみ》の雰囲気《ふんいき》を作《つく》る演《えん》出効果《しゅつこうか》も持《も》っています。こうした照明《しょうめい》のプラン作《づく》りや設置《せっち》、機材《きざい》の操作《そうさ》を行《おこな》うのが照明《しょうめい》スタッフです。スタジオの収録《しゅうろく》ではどのカメラから撮《と》っても影《かげ》ができないようにライトを設置《せっち》。音《おん》楽番組《がくばんぐみ》では華《はな》やかな感《かん》じを出《だ》したり、ドラマでは自然《しぜん》な空気《くうき》を作《つく》り上《あ》げたりと、光《ひかり》を使《つか》って空《くう》間《かん》を演出《えんしゅつ》しています。

【どうしたらなれる？】

仕事《しごと》には照明《しょうめい》についての知識《ちしき》が必要《ひつよう》です。大《だい》学《がく》・短大《たんだい》の放送系学科《ほうそうけいがっか》、放送系専門学校《ほうそうけいせんもんがっこう》でテレビ照明《しょうめい》の基礎知識《きそちしき》を学《まな》べます。また、芸術系《げいじゅつけい》の学校《がっこう》で演出《えんしゅつ》を学《まな》んでから照明《しょうめい》の仕事《しごと》を始《はじ》める人《ひと》もいます。卒業後《そつぎょうご》は技術会社《ぎじゅつがいしゃ》かテレビ局《きょく》の技術《ぎじゅつ》部《ぶ》に就職《しゅうしょく》するのが一般的《いっぱんてき》。最初《さいしょ》はライトの設置《せっち》など補助的《ほじょてき》な作業《さぎょう》をしながら仕事《しごと》を覚《おぼ》え、少《すこ》しずつ担当範囲《たんとうはんい》を広《ひろ》げていきます。照明《しょうめい》は専門性《せんもんせい》が高《たか》く、一人前《いちにんまえ》になるまでは時間《じかん》のかかる世界《せかい》です。仕事《しごと》を通《つう》じて確《たし》かな技術《ぎじゅつ》を身《み》につけていく努力《どりょく》も続《つづ》けていかなければなりません。

報道記者《ほうどうきしゃ》

【どんな仕事《しごと》？】

報道記者《ほうどうきしゃ》の仕事《しごと》はテレビで放映《ほうえい》されるニュースを取材《しゅざい》すること。ニュース番組《ばんぐみ》では政治《せいじ》・経《けい》済《ざい》・スポーツなど幅広《はばひろ》い分野《ぶんや》を扱《あつか》いますが、現《げん》場《ば》に足《あし》を運《はこ》んで取材《しゅざい》を行《おこな》い、関係者《かんけいしゃ》の話《はなし》などをもとに原稿《げんこう》を作成《さくせい》。原稿《げんこう》は局内《きょくない》に勤務《きんむ》する編集《へんしゅう》記者《きしゃ》に手直《てなお》しされ、番組《ばんぐみ》で読《よ》み上《あ》げられます。テレビのニュースは速報性《そくほうせい》が重視《じゅうし》されるため、勤務時間《きんむじかん》は昼夜《ちゅうや》を問《と》わず、ときにはリポーターとして番組《ばんぐみ》に出演《しゅつえん》することもあります。中《なか》には時間《じかん》をかけてひとつのテーマを調査《ちょうさ》する人《ひと》もいて、仕事《しごと》スタイルはさまざまです。

【どうしたらなれる？】

報道記者《ほうどうきしゃ》が所属《しょぞく》しているのはテレビ局《きょく》や制作《せいさく》会社《がいしゃ》。ニュースを理解《りかい》して人《ひと》に伝《つた》える能力《のうりょく》が必《ひつ》要《よう》なため、大学《だいがく》や大学院《だいがくいん》に進学《しんがく》して広《ひろ》い分野《ぶんや》の知識《ちしき》を身《み》につけるとよいでしょう。就職後《しゅうしょくご》は研《けん》修《しゅう》を受《う》け、テレビ局《きょく》ならニュース部門《ぶもん》に配属《はいぞく》、制作会社《せいさくがいしゃ》なら現場《げんば》に派遣《はけん》されて記者《きしゃ》として働《はたら》きます。最初《さいしょ》は警察《けいさつ》など決《き》まった取材先《しゅざいさき》を回《まわ》りながら取材《しゅざい》のやり方《かた》を覚《おぼ》えていき、やがて専門分《せんもんぶん》野《や》を持《も》つ記者《きしゃ》として成長《せいちょう》。仕事《しごと》で実績《じっせき》を上《あ》げればニュースデスクなどのより責任《せきにん》ある立場《たちば》につくこともできます。

放送作家《ほうそうさっか》

【どんな仕事《しごと》？】

テレビ番組《ばんぐみ》の企画《きかく》を作《つく》り、台本《だいほん》を書《か》くのが放《ほう》送作家《そうさっか》の仕事《しごと》です。番組《ばんぐみ》の構成作《こうせいづく》りを担当《たんとう》することから構成作家《こうせいさっか》とも呼《よ》ばれます。プロデューサーやディレクターからの依頼《いらい》を受《う》け、番組全《ばんぐみぜん》体《たい》やコーナーごとの構成《こうせい》を提案《ていあん》。スタッフとの打《う》ち合《あ》わせを何度《なんど》もくり返《かえ》しながら、番組作《ばんぐみづく》りの基本《きほん》となる企画書《きかくしょ》、番組進行《ばんぐみしんこう》のもとになる台《だい》本《ほん》を完成《かんせい》させます。放送作家《ほうそうさっか》にはそれぞれ得意《とくい》とするジャンルがあり、バラエティ、音楽《おんがく》、ドキュメンタリーなどいろいろな種類《しゅるい》の番組作《ばんぐみづく》りに関《かか》わっています。

【どうしたらなれる？】

多《おお》くは番組《ばんぐみ》ごとの契約《けいやく》で働《はたら》くフリーランスです。映像系専門学校《えいぞうけいせんもんがっこう》や放送作家《ほうそうさっか》スクールでも仕《し》事《ごと》の基本《きほん》を学《まな》べますが、テレビ業界《ぎょうかい》での経験《けいけん》を生《い》かしたり、現役作家《げんえきさっか》のアシスタントになったりと、放送作家《ほうそうさっか》への道《みち》は人《ひと》によってさまざまです。大切《たいせつ》なのは他人《たにん》とは違《ちが》う自分《じぶん》なりの得意《とくい》分《ぶん》野《や》を持《も》つこと。スタッフとのコミュニケーション能力《のうりょく》や人脈《じんみゃく》も大事《だいじ》です。最初《さいしょ》のうちは番組《ばんぐみ》の下調《したしら》べや小《ちい》さいコーナーを受《う》け持《も》ち、実績《じっせき》を上《あ》げると番組企画《ばんぐみきかく》の立《た》ち上《あ》げといったより大《おお》きな仕事《しごと》を任《まか》されるようになります。

脚本家《きゃくほんか》

【どんな仕事《しごと》？】

脚本家《きゃくほんか》はドラマの脚本《きゃくほん》を書《か》く仕事《しごと》です。プロデューサーから依頼《いらい》を受《う》け、ドラマのストーリーを考《かんが》えシナリオ形式《けいしき》にまとめます。ほとんどの人《ひと》はテレビ局《きょく》や制作会社《せいさくかいしゃ》には所属《しょぞく》せず、フリーランスとして作品《さくひん》ごとに仕事《しごと》を請《う》け負《お》っています。一人《ひとり》の脚本家《きゃくほんか》がドラマシリーズすべてのシナリオを担当《たんとう》するとは限《かぎ》らず、複数《ふくすう》のシナリオライターが共同《きょうどう》で書《か》く場合《ばあい》もあります。作品《さくひん》がヒットすると新作《しんさく》を依頼《いらい》されたり、映画《えいが》化《か》・書籍《しょせき》化《か》などのメディア展開《てんかい》の可能性《かのうせい》もあるため、実力次第《じつりょくしだい》で仕事《しごと》の場《ば》が広《ひろ》がっていきます。

【どうしたらなれる？】

仕事《しごと》をするための第一条件《だいいちじょうけん》は面白《おもしろ》い脚本《きゃくほん》が書《か》けること。放送系専門学校《ほうそうけいせんもんがっこう》やシナリオスクールでは基本的《きほんてき》なシナリオの書《か》き方《かた》を学《まな》べますが、すべての脚本家《きゃくほんか》が通《かよ》っていたわけではありません。何《なん》の経験《けいけん》を役立《やくだ》てるかはその人次第《ひとしだい》です。脚本《きゃくほん》コンクールで賞《しょう》を取《と》ったり、作品《さくひん》を売《う》り込《こ》んだりして仕事《しごと》の依頼《いらい》を受《う》けると、脚本家《きゃくほんか》として働《はたら》けるようになります。仕事《しごと》を続《つづ》けていくには結果《けっか》を出《だ》す必要《ひつよう》があります。視聴者《しちょうしゃ》の要求《ようきゅう》に応《こた》えるためさまざまな情報《じょうほう》に触《ふ》れると同時《どうじ》に、自分《じぶん》の世界《せかい》を築《きず》き上《あ》げる努力《どりょく》も必要《ひつよう》です。

営業《えいぎょう》

【どんな仕事《しごと》？】

民間《みんかん》の放送局《ほうそうきょく》は番組《ばんぐみ》の合間《あいま》にＣＭを放送《ほうそう》し、広告収入《こうこくしゅうにゅう》をスポンサー企業《きぎょう》から得《え》ることで収入《しゅうにゅう》を得《え》る仕組《しく》みで運営《うんえい》されています。営業《えいぎょう》の仕事《しごと》はテレビ局《きょく》と企業《きぎょう》の間《あいだ》を取《と》り持《も》つこと。テレビ局《きょく》の運営《うんえい》になくてはならない大事《だいじ》な役割《やくわり》で、テレビ局《きょく》の営業部《えいぎょうぶ》で働《はたら》いています。ＣＭの放送枠《ほうそうわく》を買《か》い取《と》ってもらうため、番組《ばんぐみ》の企画書《きかくしょ》を持《も》って一日《いちにち》に何社《なんしゃ》もの企業《きぎょう》・代理店《だいりてん》を訪《おとず》れて交渉《こうしょう》。番組《ばんぐみ》のどんな点《てん》がイメージアップにつながるかを提案《ていあん》し、契約後《けいやくご》もＣＭ制作《せいさく》に関《かか》わるなど、長期《ちょうき》にわたって相手《あいて》をフォローしています。

【どうしたらなれる？】

仕事《しごと》をするための特別《とくべつ》な資格《しかく》・学歴《がくれき》は求《もと》められません。テレビ局《きょく》の社員《しゃいん》として働《はたら》くため、大《だい》学卒業後《がくそつぎょうご》に試験《しけん》を受《う》けて採用《さいよう》されるのが一般的《いっぱんてき》です。会社《かいしゃ》によっては採用試験《さいようしけん》が高倍率《こうばいりつ》のため、試験対策《しけんたいさく》をしておく必要《ひつよう》があります。就職後《しゅうしょくご》は営業部《えいぎょうぶ》に配属《はいぞく》されると営業《えいぎょう》の仕事《しごと》ができます。最初《さいしょ》は社内研修《しゃないけんしゅう》で仕事《しごと》のやり方《かた》を教《おそ》わり、補助《ほじょ》的《てき》な仕事《しごと》に関《かか》わりながら実力《じつりょく》を身《み》につけていきます。大《おお》きなプロジェクトを成功《せいこう》させるなど結果《けっか》を出《だ》すとより責任《せきにん》ある仕事《しごと》を任《まか》されるようになり、立場《たちば》や収入《しゅうにゅう》も上《あ》がっていきます。

編成《へんせい》

【どんな仕事《しごと》？】

テレビ局《きょく》が放送《ほうそう》する番組《ばんぐみ》を決定《けってい》するのが編成《へんせい》の仕事《しごと》です。自局《じきょく》の番組《ばんぐみ》をより多《おお》くの人《ひと》に見《み》てもらうため、時間帯《じかんたい》ごとの視聴者《しちょうしゃ》に合《あ》わせた一《いっ》週間《しゅうかん》の番組表《ばんぐみひょう》を作《つく》り、季節《きせつ》ごとの番組《ばんぐみ》の入《い》れ替《か》えなどを考《かんが》えて番組編成《ばんぐみへんせい》を作《つく》り出《だ》します。プロデューサーの作《つく》った企画案《きかくあん》をチェックして番組《ばんぐみ》制作《せいさく》のゴーサインを出《だ》すなど、仕事《しごと》では局内《きょくない》の他部署《たぶしょ》とも連携《れんけい》。仕事《しごと》の成果《せいか》は視聴率《しちょうりつ》という形《かたち》ではっきりと出《で》るため周囲《しゅうい》からはいつも評価《ひょうか》を受《う》けますが、テレビ局《きょく》のイメージを決定《けってい》づける大事《だいじ》な役割《やくわり》のひとつです。

【どうしたらなれる？】

編成《へんせい》の仕事《しごと》についているのはテレビ局員《きょくいん》です。大学《だいがく》・大学院卒業後《だいがくいんそつぎょうご》に採用試験《さいようしけん》を受《う》けて合格《ごうかく》する必要《ひつよう》があります。テレビ局《きょく》にとって重要《じゅうよう》な役《やく》割《わり》を担《にな》っているため、最初《さいしょ》から編成《へんせい》の仕事《しごと》につくことは少《すく》なく、入社後《にゅうしゃご》は営業《えいぎょう》などの部署《ぶしょ》で仕《し》事《ごと》を覚《おぼ》えるのが一般的《いっぱんてき》です。いろいろな経験《けいけん》を積《つ》み、社内《しゃない》での人脈《じんみゃく》も広《ひろ》げた後《あと》に編成部《へんせいぶ》に配属《はいぞく》され、編成《へんせい》の仕事《しごと》に携《たずさ》わります。視聴者《しちょうしゃ》へ常《つね》に新《あたら》しい情報《じょうほう》を届《とど》けるために自局《じきょく》・他局《たきょく》の番組《ばんぐみ》をチェックしたり、テレビ以外《いがい》から新《あたら》しい情報《じょうほう》を取《と》り入《い》れたりすることも大切《たいせつ》です。

協力

日本BS放送株式会社(BS11イレブン)
東京都千代田区神田駿河台2-5
https://www.bs11.jp/

株式会社ファーストショット
東京都品川区大井1-45-2 ジブラルタル大井ビル5階
03-5709-7435
https://firstshot.co.jp/

株式会社毎日映画社
東京都千代田区神田駿河台2-5
03-3518-4111
https://www.mainichieiga.co.jp/

キャリア教育支援ガイド

お仕事ナビ 21 テレビに関わる仕事

アナウンサー プロデューサー カメラマン 映像編集者

お仕事ナビ編集室

編集協力　株式会社A.I
本文執筆　桑山裕司
撮影　奥村暢欣、樋渡 創(クロスボート)
ブックデザイン　羽賀ゆかり

発行者 鈴木博喜
編　集 池田菜採
発行所 株式会社　理論社
〒101-0062　東京都千代田区神田駿河台2-5
電話　営業 03-6264-8890　編集 03-6264-8891
URL　https://www.rironsha.com

2020年5月初版
2023年5月第2刷発行

印刷・製本　図書印刷　上製加工本

ISBN978-4-652-20368-2　NDC366　A4変型判　29cm　55P

お仕事ナビシリーズ

第一期

- ❶ **食べ物を作る仕事** パティシエ シェフ パン職人 ラーメン屋さん 和食料理人
- ❷ **ゲームを作る仕事** グラフィックデザイナー プロデューサー サウンドクリエイター シナリオライター プログラマー
- ❸ **子どもに関わる仕事** 保育士 小児科医 給食を作る人(栄養士・調理師) 児童指導員・助産師
- ❹ **医療に関わる仕事** 看護師 外科医 義肢装具士 創薬研究者 薬剤師
- ❺ **スポーツをする仕事** サッカー選手 プロフィギュアスケーター 野球選手 車椅子バスケットボール選手 ゴルファー

第二期

- ❻ **動物に関わる仕事** 動物園飼育員 トリマー 水族館飼育員 獣医師
- ❼ **海と大地で働く仕事** 農業 林業 漁業 酪農
- ❽ **人を守る仕事** 消防士 山岳救助隊員 弁護士 自衛官
- ❾ **飛行機に関わる仕事** パイロット 航空管制官 航空整備士 客室乗務員
- ❿ **マンガ・アニメに関わる仕事** マンガ家 声優 アニメーター アニメ監督

第三期

- ⓫ **ファッションに関わる仕事** スタイリスト 靴デザイナー 美容師 店長兼バイヤー
- ⓬ **ITに関わる仕事** アプリ開発者 AI研究者 ウェブプランナー ユーチューバー
- ⓭ **ライフラインを支える仕事** 発電所 高速道路 水道局 清掃工場
- ⓮ **教育に関わる仕事** 競泳強化コーチ 養護教諭 司書 小学校教諭
- ⓯ **宇宙に関わる仕事** 宇宙飛行士 プラネタリウム製作者 金属加工職人 天文学者

第四期

- ⓰ **観光に関わる仕事** バスガイド 全国通訳案内士 旅行代理店社員 女将
- ⓱ **住居に関わる仕事** 建築家 インテリアコーディネーター 大工 不動産仲介業
- ⓲ **鉄道に関わる仕事** 運転士 車両メンテナンス 電気工事 駅社員
- ⓳ **スポーツを支える仕事** プロ野球チーム付広報 スポーツトレーナー グラブ職人 サッカー審判
- ⓴ **囲碁・将棋に関わる仕事** 将棋棋士 囲碁棋士 専門紙編集者 盤職人

第五期

- ㉑ **テレビに関わる仕事** アナウンサー プロデューサー カメラマン 映像編集者
- ㉒ **地方公務に関わる仕事** 学芸員 フィルムコミッション 多文化共生係 自然保護職員
- ㉓ **伝統工芸に関わる仕事** 人形師 江戸切子職人 箱根寄木細工職人 陶芸家
- ㉔ **美容に関わる仕事** ヘアメイク ヨガインストラクター ネイリスト エステティシャン
- ㉕ **eスポーツに関わる仕事** プロeスポーツ選手 実況アナウンサー プロデューサー ゲーミング家具開発者

順次刊行予定